基于知识图谱的各民族交往交流交融学术演化研究

依何阿妞 陈磊 著

光明日报出版社

图书在版编目（CIP）数据

基于知识图谱的各民族交往交流交融学术演化研究/依何阿妞,陈磊著.—北京：光明日报出版社,2025.
3.—ISBN 978-7-5194-8551-1

Ⅰ.K28

中国国家版本馆 CIP 数据核字第 2025KK9234 号

基于知识图谱的各民族交往交流交融学术演化研究
JIYU ZHISHITUPU DE GE MINZU JIAOWANG JIAOLIU JIAORONG XUESHU YANHUA YANJIU

著　　者：依何阿妞　陈磊

责任编辑：杨　茹　　　　　　　责任印制：曹　净
封面设计：李彦生　　　　　　　责任校对：杨　娜

出版发行：光明日报出版社
地　　址：北京市西城区永安路 106 号，100050
电　　话：010-63169890（咨询），010-63131930（邮购）
传　　真：010-63131930
网　　址：http://book.gmw.cn
E - mail：gmrbcbs@gmw.cn
法律顾问：北京市兰台律师事务所龚柳方律师

印　　刷：武汉乐生印刷有限公司
装　　订：武汉乐生印刷有限公司
本书如有破损、缺页、装订错误，请与本社联系调换，电话：010-63131930

开　　本：170mm×240mm
字　　数：300 千字　　　　　　印　　张：12.25
版　　次：2025 年 3 月第 1 版　　印　　次：2025 年 3 月第 1 次印刷
书　　号：ISBN 978-7-5194-8551-1

定　　价：78.00 元

版权所有　翻印必究

前　言

各民族交往交流交融是我国历史上长期形成并不断发展的民族关系演进形态[①]，促进各民族交往交流交融是新时代促进和深化民族团结、铸牢中华民族共同体意识、建设中华民族共同体的重要路径。自从党中央首次提出"民族交往交流交融"[②]理念以来，就受到了各界专家学者的高度关注和重视，并以最佳方式实现政府经验、学术思想和实践应用三者的有机融合，以促进各民族交往交流交融研究领域更深层次的理论研究与实践运用。随着对各民族交往交流交融研究领域的理论研究与实践运用的深入，越来越多的高质量学术文献在中国本土学术期刊上发表。本书以各民族交往交流交融研究领域的学术成果为研究对象，以党的二十大精神为指引，以该研究领域的发展历程为主线，综合运用知识图谱、文献调研、统计分析、内容分析及总结归纳等方法与技术，从可视化角度考察当前各民族交往交流交融研究领域的学术演化特点，绘制各民族交往交流交融研究领域的认知图谱，梳理当前各民族交往交流交融研究领域的发展历程、逻辑结构和知识特征，揭示当前各民族交往交流交融研究领域的研究概貌，形成对当前各民族交往交流交融研究领域学术演化过程的全面深入认识，提出各民族交往交流交融研究领域的未来发展建议，并从知识图谱视角为各民族交往交流交融研究领域及其相关领域快速深入地了解该领域的发展现状、历史脉络和促进其未来深入

[①] 赵月梅. 各民族交往交流交融的历史演进与现代治理——以内蒙古通辽地区为例[J]. 北方民族大学学报，2022, 0(03): 17-27.
[②] 中共中央国务院召开第五次西藏工作座谈会[EB/OL]. [2023-5-23]. http://www.scio.gov.cn/zxbd/gdxw/Document/530449/530449.htm.

发展提供一定的信息参考与借鉴，从而促进新时代各民族交往交流交融研究领域的理论研究与实践应用更深更实，并进一步推进各民族交往交流交融研究领域的纵深发展。

全书共分为五章：第一章主要包括研究背景与意义、研究思路与方法、工具简介与前期准备、研究内容与创新之处，以为本研究后续的可视化图谱的构建、梳理和分析打好前期基础；第二章主要是以学术场域为切入点，分别从关注度与传播度等方面对当前各民族交往交流交融研究领域的学术场域进行深度剖析，以全面梳理出当前各民族交往交流交融研究领域的关注度、传播度等基本情况，揭示各民族交往交流交融研究领域的影响力；第三章主要是以研究力量为切入口，分别从发文作者、发文机构和载文期刊三方面对当前各民族交往交流交融研究领域的研究力量进行深度剖析，以全面梳理各民族交往交流交融研究领域的发文作者、发文机构、载文期刊等对象的分布情况及其合作关系，揭示当前各民族交往交流交融研究领域的研究力量的具体分布状况；第四章主要是以关键词为切入点，分别从研究热点和研究前沿两方面对当前各民族交往交流交融研究领域的热点和前沿趋势进行深度剖析，以全面梳理当前各民族交往交流交融研究领域的高关注度关键词及其分布情况、关键性关键词及其分布情况、突变型关键词及其分布情况以及这些关键词对应的研究主题等基本信息，揭示当前各民族交往交流交融研究领域热点的演进路径及前沿趋势等；第五章主要从总结和展望两方面进行阐述，以为新时代各民族交往交流交融研究领域的纵深发展提供一定有价值的参考建议。

该成果受到了西南民族大学中华民族共同体研究院资助（2024GTT-ZZ01）。

另外本书还得到了西南民族大学图书馆副研究馆员、旅游与历史文化学院硕士研究生导师阳广元的支持帮助。承蒙光明日报出版社将此书付梓。敬请广大读者不吝批评指正。

全体著者
癸卯年秋于西南民族大学

目 录

第一章
绪论

第一节 研究背景与意义…………………………………002
  一、研究背景……………………………………002
  二、研究意义……………………………………006
第二节 研究思路与方法…………………………………007
  一、研究思路……………………………………007
  二、研究方法……………………………………008
第三节 工具简介与前期准备……………………………011
  一、工具简介……………………………………011
  二、前期准备……………………………………013
第四节 研究内容与创新之处……………………………019
  一、研究内容……………………………………019
  二、创新之处……………………………………020

第二章
各民族交往交流交融研究的关注度与传播度

第一节　各民族交往交流交融研究的学术关注度……………023
第二节　各民族交往交流交融研究的媒体关注度……………027
第三节　各民族交往交流交融研究的学术传播度……………030
第四节　各民族交往交流交融研究的用户关注度……………033
第五节　结论与讨论……………………………………………037
　　一、我国各民族交往交流交融研究领域知识生产正处于快速成长
　　　　阶段……………………………………………………037
　　二、我国各民族交往交流交融研究领域知识传播媒体呈现集中性
　　　　强的特点………………………………………………038
　　三、我国各民族交往交流交融研究领域知识影响力正处于快速提
　　　　升阶段…………………………………………………038

第三章
各民族交往交流交融研究的力量分析

第一节　发文作者………………………………………………040
　　一、发文作者的整体性分析……………………………041
　　二、发文作者的阶段性分析……………………………050

第二节　发文机构 ································· 083
　　一、发文机构的整体性分析 ······················· 085
　　二、发文机构的阶段性分析 ······················· 091
第三节　载文期刊 ································· 131
　　一、载文期刊的整体性分析 ······················· 132
　　二、载文期刊的阶段性分析 ······················· 137
第四节　结论与讨论 ······························· 155
　　一、我国各民族交往交流交融研究领域发展存在分化不均的
　　　　现象 ······································· 155
　　二、我国各民族交往交流交融研究领域发文作者网络连通性低，
　　　　高产作者间学术联系不紧密 ··················· 155
　　三、我国各民族交往交流交融研究领域对外传播载体呈现集中性
　　　　强的特点 ··································· 156

第四章
各民族交往交流交融研究的热点与前沿

第一节　研究热点与前沿 ··························· 161
第二节　结论与讨论 ······························· 167
　　一、我国各民族交往交流交融理论前沿的探索 ············ 167
　　二、我国各民族交往交流交融研究具有较强的政策关联性 ··· 168

第五章
总结与展望

第一节　总结 ·· 170
　　一、关注度不断提高，传播度也不断提高 ················ 170
　　二、高产发文作者多，但还未形成核心发文作者群 ········ 171
　　三、高产发文机构较集中，且初步形成了核心发文机构 ···· 171
　　四、初步形成了核心区载文期刊，但尚未形成核心载文期刊群 ···· 171
　　五、研究主体较集中 ···································· 172
　　六、研究内容较集中 ···································· 172
第二节　展望 ·· 173
　　一、以党的二十大精神为指引，促进新时代各民族交往交流交融
　　　　研究领域的理论研究与实践运用的更深更实 ············ 173
　　二、增进研究主体的深度交流合作，促进更多跨学科相关学术成
　　　　果的产出 ·· 173
　　三、深挖各民族交往交流交融的历史基础 ·················· 174
　　四、加大与各民族交往交流交融相关实践活动（项目）的引荐
　　　　力度 ·· 174
　　五、构建人才队伍保障机制，强化高质量人才培养 ·········· 174
　　六、深化相关学科建设，促进各民族交往交流交融领域的高质量
　　　　发展 ·· 175
　　七、构建可持续性经费投入机制 ·························· 175

表目录 ·· 177
图目录 ·· 179
参考文献 ·· 181

第一章

绪论

本书研究的主要目的是综合运用知识图谱、文献调研、统计分析、数据分析、内容分析及总结归纳等方法与技术，以各民族交往交流交融研究领域的学术文献为分析对象，从科学知识图谱视角出发，以可视化的方式对当前各民族交往交流交融研究领域的研究进展进行梳理分析，提出该研究领域的未来发展建议或策略，以期为新时代该研究领域及其相关研究领域了解其发展现状、历史脉络和促进其未来深入发展提供一定的信息参考与借鉴，从而促进新时代各民族交往交流交融研究领域的理论研究与实践应用更深更实，并进一步推进各民族交往交流交融研究领域的纵深发展。

第一节　研究背景与意义

一、研究背景

2010年1月18日至20日，胡锦涛同志在中共中央国务院第五次西藏工作座谈会上首次提出"民族交往交流交融"理念[1][2]，这一理论的提出为我国今后的民族关系指引了新的方向。2014年9月28日至29日，习近平总书记在中央民族工作会议暨国务院第六次全国民族团结进步表彰大会上提出"加强各民族交往交流交融，尊重差异、包容多样，让各民族在中华民族大家庭中手足相亲、守望相助"，并系统阐述了各民族交往交流交融的理念内涵。[3] 2015年8月24日至25日，习近平总书记在中央第六次西藏工作座谈会上强调要"坚定不移促进各民族交往交流交融"[4]。2017年10月18日，习近平总书记在

---

[1] 中共中央国务院召开第五次西藏工作座谈会 [EB/OL]. [2023-5-23]. http://www.scio.gov.cn/zxbd/gdxw/Document/530449/530449.htm.
[2] 黄德雄，黄德英. 近年来国内学界关于民族交往交流交融研究的文献回顾与思考 [J]. 河北民族师范学院学报，2022, 42(02): 1-10.
[3] 中央民族工作会议暨国务院第六次全国民族团结进步表彰大会举行 [EB/OL]. [2023-4-19]. https://www.gov.cn/xinwen/2014-09/29/content_2758816.htm.
[4] 习近平：依法治藏富民兴藏长期建藏 [EB/OL]. [2023-5-12]. https://www.tibetol.cn/html/2015/xizangyaowen_0826/20488.html.

中国共产党第十九次全国代表大会上的报告中明确指出:"深化民族团结进步教育,铸牢中华民族共同体意识,加强各民族交往交流交融,促进各民族像石榴籽一样紧紧抱在一起,共同团结奋斗、共同繁荣发展。"[1]2019年9月27日,习近平总书记在全国民族团结进步表彰大会上强调"坚持促进各民族交往交流交融,不断铸牢中华民族共同体意识"[2]。2019年10月23日,中共中央办公厅、国务院办公厅在印发的《关于全面深入持久开展民族团结进步创建工作铸牢中华民族共同体意识的意见》文件中明确指出:"适应新时代发展历史方位,以各族群众为主体,以铸牢中华民族共同体意识为根本方向,以加强各民族交往交流交融为根本途径,全面深入持久开展民族团结进步创建工作,是推进民族团结进步事业发展的必然要求,也是实现中华民族伟大复兴中国梦的必然要求。"[3]2020年8月8日至29日,习近平总书记在中央第七次西藏工作座谈会中强调"必须促进各民族交往交流交融""引导各族群众看到民族的走向和未来,深刻认识到中华民族是命运共同体,促进各民族交往交流交融"[4]。2020年10月29日,《中共中央关于制定国民经济和社会发展第十四个五年规划和二〇三五年远景目标的建议》明确提出将"全面贯彻党的民族政策,铸牢中华民族共同体意识,促进各民族共同团结奋斗、共同繁荣发展"纳入"十四五"时期经济社会发展主要目标[5],并在《中华人民共和国国民经济和社会发展第十四个五年规划和2035年远景目标纲要》中明确提出"聚焦铸牢中华民族共同体意识,加大对民族地区发展支

---

[1] 权威发布:十九大报告全文 [EB/OL]. [2019-10-20]. https://www.spp.gov.cn/tt/201710/t20171018_202773.shtml.
[2] 习近平:在全国民族团结进步表彰大会上的讲话 [EB/OL]. [2023-4-15]. https://www.gov.cn/gongbao/content/2019/content_5442260.htm.
[3] 中共中央办公厅 国务院办公厅印发《关于全面深入持久开展民族团结进步创建工作铸牢中华民族共同体意识的意见》[EB/OL]. [2023-2-1]. https://www.gov.cn/xinwen/2019-10/23/content_5444047.htm.
[4] 习近平出席中央第七次西藏工作座谈会并发表重要讲话 [EB/OL]. [2022-1-7]. https://www.gov.cn/xinwen/2020-08/29/content_5538394.htm.
[5] 中共中央关于制定国民经济和社会发展第十四个五年规划和二〇三五年远景目标的建议 [EB/OL]. [2022-8-10]. http://www.moe.gov.cn/jyb_xwfb/s6052/moe_838/202011/t20201104_498130.html.

持力度，全面深入持久开展民族团结进步宣传教育和创建，促进各民族交往交流交融""全面贯彻党的民族政策，坚持和完善民族区域自治制度，铸牢中华民族共同体意识，促进各民族共同团结奋斗、共同繁荣发展"[1]。2021年8月27日至28日，习近平总书记在中央民族工作会议上强调"必须促进各民族广泛交往交流交融，促进各民族在理想、信念、情感、文化上的团结统一，守望相助、手足情深"[2]。2022年3月5日，习近平总书记在参加十三届全国人大五次会议内蒙古代表团审议时强调"推进中华民族共有精神家园建设，促进各民族交往交流交融"[3]。2022年7月12日至15日，习近平总书记在新疆考察时强调"要铸牢中华民族共同体意识，促进各民族交往交流交融"[4]。2022年8月31日，十三届全国政协第65次双周协商座谈会围绕"促进各民族广泛交往交流交融，加强中华民族共同体建设"协商议政。[5]2022年10月16日，习近平总书记在党的二十大报告中指出："以铸牢中华民族共同体意识为主线，坚定不移走中国特色解决民族问题的正确道路。"[6]2023年4月21日，中共中央政治局常委、全国政协主席王沪宁在习近平总书记关于加强和改进民族工作的重要思想研讨会上强调"要牢牢把握铸牢中华民族共同体意识这一主线，

---

[1] 中华人民共和国国民经济和社会发展第十四个五年规划和2035年远景目标纲要 [EB/OL]. [2021-12-21]. http://www.gov.cn/xinwen/2021-03/13/content_5592681.htm?gov.
[2] 习近平出席中央民族工作会议并发表重要讲话 [EB/OL]. [2022-11-1]. http://www.gov.cn/xinwen/2021-08/28/content_5633940.htm.
[3] 习近平在参加内蒙古代表团审议时强调："不断巩固中华民族共同体思想基础 共同建设伟大祖国 共同创造美好生活" [EB/OL]. [2023-5-16]. https://www.gov.cn/xinwen/2022-03/05/content_5677371.htm.
[4] 习近平在新疆考察时强调：完整准确贯彻新时代党的治疆方略 建设团结和谐繁荣富裕文明进步安居乐业生态良好的美好新疆 [EB/OL]. [2023-4-25]. http://www.cppcc.gov.cn/zxww/2022/07/18/ARTI1658106848084110.shtml.
[5] 全国政协召开双周协商座谈会 围绕"促进各民族广泛交往交流交融，加强中华民族共同体建设"协商议政 汪洋主持 [EB/OL]. [2023-5-20]. http://www.xinhuanet.com/politics/leaders/2022-08/31/c_1128965954.htm.
[6] 习近平：高举中国特色社会主义伟大旗帜 为全面建设社会主义现代化国家而团结奋斗——在中国共产党第二十次全国代表大会上的报告 [EB/OL]. [2022-11-15]. https://www.gov.cn/xinwen/2022-10/25/content_5721685.htm.

扎实推进少数民族和民族地区现代化建设，牢固树立正确的中华民族历史观，更好促进各民族广泛交往交流交融，推动新时代党的民族工作高质量发展"[①]。2023年5月26日，十四届全国政协第四次双周协商座谈会围绕"加强各民族交往交流交融历史阐释和宣传教育"协商议政。[②]"促进各民族广泛交往交流交融"是党的民族工作理论和实践的智慧结晶，是习近平总书记关于加强和改进民族工作的重要思想内容，是党中央关于新时期民族工作的重大决策部署，是加强中华儿女大团结的重要举措，是铸牢中华民族共同体意识的必然要求，也是推动中华民族共同体建设的重要途径。[③][④][⑤]自从中央首次提出"民族交往交流交融"[⑥]理念以来，就受到了各界专家学者的高度关注和重视，并从政策、资金、项目等方面给予了大力支持，以促进各民族交往交流交融研究领域更深层次的理论研究与实践运用。随着对各民族交往交流交融的理论研究与实践运用的深入，越来越多的高质量学术文献在中国本土学术期刊上发表。为避免各民族交往交流交融研究领域的重复性投入，并从知识图谱角度为各民族交往交流交融研究领域的纵向研究提供一定的信息参考与借鉴，本书以党的二十大精神为指引，从"元研究"角度考察当前各民族交往交流交融研究领域的学术演化特点，绘制各民族交往交流交融研究领域的认知图谱，梳理当前各民族交往交流交融研究领域的发展历程、逻辑结构和知识特征，揭示当

[①] 习近平总书记关于加强和改进民族工作的重要思想研讨会举行　王沪宁出席并讲话[EB/OL]. [2023-5-15]. https://www.gov.cn/yaowen/2023-04/21/content_5752561.htm.
[②] 全国政协召开双周协商座谈会　围绕"加强各民族交往交流交融历史阐释和宣传教育"协商议政　王沪宁主持[EB/OL]. [2023-5-30]. http://www.cppcc.gov.cn/zxww/2023/05/26/ARTI1685093067101539.shtml.
[③] 全国政协召开双周协商座谈会 围绕"促进各民族广泛交往交流交融，加强中华民族共同体建设"协商议政 汪洋主持[EB/OL]. [2023-5-20]. http://www.xinhuanet.com/politics/leaders/2022-08/31/c_1128965954.htm.
[④] 必须促进各民族广泛交往交流交融[EB/OL]. [2023-5-31]. http://mw.nmg.gov.cn/zt/gclszymzgzhyjs/hyjs/202112/t20211208_1971339.html.
[⑤] 促进各民族广泛交往交流交融[EB/OL]. [2023-5-31]. http://www.rmzxb.com.cn/c/2022-03-31/3084929.shtml.
[⑥] 中共中央国务院召开第五次西藏工作座谈会[EB/OL]. [2023-5-23]. http://www.scio.gov.cn/zxbd/gdxw/Document/530449/530449.htm.

前各民族交往交流交融研究领域的研究概貌，形成对当前各民族交往交流交融研究领域学术演化过程的全面深入认识，提出该研究领域的未来发展建议，以促进新时代该研究领域的理论研究与实践应用更深更实，并进一步推进该研究领域的纵向发展。

二、研究意义

1. 以党的二十大精神为指引，促进新时代各民族交往交流交融研究领域的理论研究与实践应用更深更实

党的二十大报告强调"以铸牢中华民族共同体意识为主线，坚定不移走中国特色解决民族问题的正确道路"，这为新时代各民族交往交流交融研究领域的理论研究与实践应用提出了新要求和新方向。选题以党的二十大精神为指引，以促进新时代各民族交往交流交融研究领域的理论研究与实践应用更深更实为方向，以全面把握当前各民族交往交流交融研究领域的研究进展，以及为后续各民族交往交流交融研究领域的纵深研究提供一定的信息参考与借鉴为目标，运用知识图谱相关理论与技术从"元数据"层面对当前各民族交往交流交融研究领域的研究概貌、历史脉络、知识渊源、热点前沿等方面进行梳理、分析及归纳。

2. 紧扣新时代国民经济和社会发展方向，从知识图谱角度为各民族交往交流交融研究领域的发展提供有力的知识资料

选题紧扣新时代国民经济和社会发展方向，以《中华人民共和国国民经济和社会发展第十四个五年规划和2035年远景目标纲要》中"聚焦铸牢中华民族共同体意识，加大对民族地区发展支持力度，全面深入持久开展民族团结进步宣传教育和创建，促进各民族交往交流交融"为选题标准，系统梳理当前各民族交往交流交融研究领域的研究概貌、历史脉络、知识渊源、热点前沿等，以厘清当前各民族交往交流交融研究领域的哪些主题是热点议题、哪些主题是研究前沿、研

究力量分布如何、关注度与传播度如何，以及对未来各民族交往交流交融研究领域有哪些参考价值和促进作用等问题，从知识图谱角度为后续各民族交往交流交融研究领域的纵深研究提供一定的信息参考与借鉴，实现该研究领域的新突破，促进该研究领域的深层次发展。

3. 揭示当前各民族交往交流交融研究领域的研究力量

以知识图谱的方式展示并厘清每个对当前各民族交往交流交融研究有重要支撑作用和促进作用的研究力量分布情况，包括支撑当前各民族交往交流交融研究领域发展的重要发文作者、重要发文机构、重要载文期刊等，以便未来各民族交往交流交融研究领域及相关研究领域的研究者能快速地了解这些资料和把握该研究领域的最新热点或研究方向，为加快各民族交往交流交融研究领域的研究步伐提供重要资料支撑。

4. 发现当前各民族交往交流交融研究领域的研究特点，为未来各民族交往交流交融的研究提供理论基础和实践指导

在对当前各民族交往交流交融研究领域的研究进展进行梳理分析的基础上，深入发掘当前该研究领域的研究特点，提出未来该研究领域的可能发展方向或策略，为未来该研究领域的研究提供有力的理论基础和实践指导。

第二节　研究思路与方法

一、研究思路

本书以党的二十大精神为指引，以各民族交往交流交融研究的发展历程为主线，以 CNKI（中国知网，China National Knowledge Infrastructure）为分析样本数据的来源数据库，以 CNKI 中收录的所有与各民族交往交流交融研究有关的学术文献为研究对象，综合运用知

识图谱、文献调研、统计分析、数据分析、内容分析及总结归纳等方法与技术，从"元研究"角度考察当前各民族交往交流交融研究领域的学术演化特点，绘制各民族交往交流交融研究领域的认知图谱，梳理出当前各民族交往交流交融研究领域的发展历程、逻辑结构和知识特征，揭示当前各民族交往交流交融研究领域的研究概貌，形成对当前各民族交往交流交融研究领域学术演化过程的全面深入认识，提出该研究领域的未来发展建议，以促进新时代各民族交往交流交融研究领域的理论研究与实践应用的更深更实，并进一步推进各民族交往交流交融研究领域的纵深发展，具体研究思路详见图1-1。

```
┌─────────────────────────────────────────────────────┐
│              研究背景及问题的提出                      │
│  各民族交往交流交融研究的发展历程、研究概貌、知识特征和整体反思  │
└─────────────────────────────────────────────────────┘
         │                    │                   │
┌──────────────────┐ ┌──────────────┐ ┌──────────────────┐
│   关注度与传播度    │ │   研究力量    │ │  研究热点与前沿   │
│(学术关注度、媒体关注度、│ │(发文作者、发文 │ │(研究热点、研究前沿)│
│ 学术传播度、用户关注度)│ │机构、载文期刊) │ │                  │
└──────────────────┘ └──────────────┘ └──────────────────┘
                          │
┌─────────────────────────────────────────────────────┐
│        从"元数据"角度对知识图谱进行分析与解读          │
└─────────────────────────────────────────────────────┘
                          │
┌─────────────────────────────────────────────────────┐
│ 对当前各民族交往交流交融研究领域的发展历程、知识特征、逻辑结构的基本把握和认识 │
│ 扩大科学知识图谱的运用范围，展示当前各民族交往交流交融研究领域的研究全景 │
└─────────────────────────────────────────────────────┘
                          │
┌─────────────────────────────────────────────────────┐
│ 对整个研究进行总结，为未来各民族交往交流交融研究领域的发展提出建议或策略 │
└─────────────────────────────────────────────────────┘
```

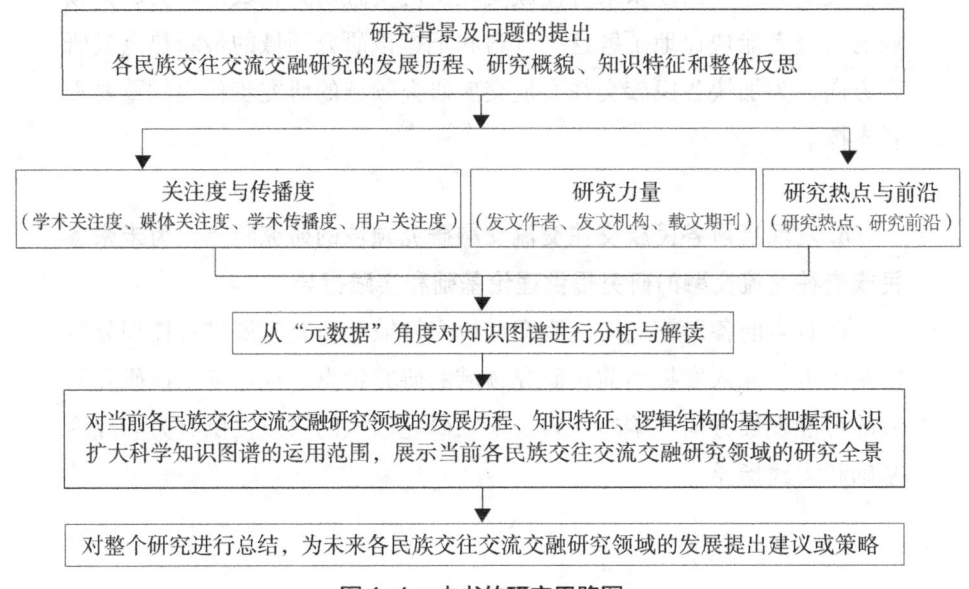

图1-1 本书的研究思路图

二、研究方法

1. 文献调研法

本研究运用文献调研法在CNKI来源数据库中检索分析所需的样

本数据，以"交往交流交融"[①]为检索式在 CNKI 来源数据库的"主题"中进行分析样本数据的"精确"检索收集（其中时间范围设定为 2011—2022 年[②]，其他参数均采用 CNKI 默认值，检索时间为 2023 年 6 月 1 日），共检索到 1196 条分析样本文献题录数据（如表 1-1 所示），其中学术期刊文献 932 条、学位论文 51 条、会议论文 19 条、报纸文献 159 条和图书文献 5 条。同时还查阅《CiteSpace：科技文本挖掘及可视化》（第三版）[③]、《科学计量与知识网络分析：方法与实践》（第二版）[④]、《科学知识图谱方法与应用》[⑤]《科学技术方法大辞典》[⑥]《中国数字图书馆新技术运用研究的知识图谱：2004—2017》[⑦]《信息计量学概论》[⑧]等文献资料，以为本研究提供足够的资料支撑和理论源泉。

表 1-1　本书检索收集到的题录分布情况表

来源数据库	文献类型	文献篇数
CNKI	学术期刊文献	932
	学位论文	51
	会议论文	19
	报纸文献	159
	图书文献	5

[①] 刘可欣，包意帆，王红艳. 近十年来民族交往交流交融研究现状、特点与展望——基于 2011—2021 年 CNKI 论文内容分析 [J]. 赤峰学院学报（汉文哲学社会科学版），2022, 43(07): 38-43.
[②] 徐姗姗，王军杰. 各民族交往交流交融的研究脉络与前沿演进——基于 CNKI 论文（2011—2020）的知识图谱分析 [J]. 广西民族研究，2021(04): 16-27.
[③] 李杰，陈超美. CiteSpace：科技文本挖掘及可视化 [M].3 版. 北京：首都经济贸易大学出版社，2022.
[④] 李杰. 科学计量与知识网络分析：方法与实践 [M].2 版. 北京：首都经济贸易大学出版社，2018.
[⑤] 刘则渊，陈悦，侯海燕. 科学知识图谱方法与应用 [M]. 北京：人民出版社，2008.
[⑥] 李庆臻. 科学技术方法大辞典 [M]. 北京：科学出版社，1999.
[⑦] 阳广元. 中国数字图书馆新技术运用研究的知识图谱：2004—2017[M]. 北京：科学出版社，2018.
[⑧] 邱均平. 信息计量学概论 [M]. 武汉：武汉大学出版社，2019.

2. 科学知识图谱法

科学知识图谱是"引文分析与数据、信息可视化相结合的产物"，是以科学文献知识为对象，以可视化的方式显示科学知识的发展进程与结构关系的一种兼具"图"和"谱"的图形，该方法能较为直观、定量、简单与客观地显示出科学知识及其之间的关系。[1][2] 本研究利用当前最热门的信息可视化工具 CiteSpace 来绘制当前各民族交往交流交融研究领域的发文作者、发文机构、载文期刊、关键词等对象的共现知识图谱，并对这些共现知识图谱进行梳理剖析，以厘清当前各民族交往交流交融研究领域的研究概貌，为未来各民族交往交流交融研究的拓展提供理论基础和实践指导。

3. 内容分析法

内容分析法强调"对传播所显示出来的内容进行客观的、系统的、定量的描述"[3]，本研究通过对与各民族交往交流交融研究有关的学术论文研究内容的剖析，梳理对各民族交往交流交融研究起支撑作用的文献及其研究内容，以及这些文献在哪些方面对各民族交往交流交融研究产生了价值，从而实现文献数据的语义挖掘[4]，以为未来各民族交往交流交融研究提供语义层面的数据资料及变化趋势，促进相关主题或方向的纵深发展。

4. 共被引分析法

共被引分析法是指两个或两个以上的作者、期刊、学科或关键词等同时被引用，其共现强度和频率越大，则其内在联系也就越密切。

---

[1] 梁秀娟.科学知识图谱研究综述 [J]. 图书馆杂志，2009, 28(06): 58-62.
[2] 杨思洛，等.中外图书情报学科知识图谱比较研究 [M]. 北京：科学出版社，2015.
[3] 刘可欣，包意帆，王红艳.近十年来民族交往交流交融研究现状、特点与展望——基于 2011—2021 年 CNKI 论文内容分析 [J]. 赤峰学院学报（汉文哲学社会科学版），2022, 43(07): 38-43.
[4] 解学梅，王若怡，霍佳阁.政府财政激励下的绿色工艺创新与企业绩效：基于内容分析法的实证研究 [J]. 管理评论，2020, 32(05): 109-124.

本研究主要运用共被引分析法对各民族交往交流交融研究领域的发文作者、发文机构、载文期刊、关键词等进行共现知识图谱的构建与分析，以揭示它们之间的内在联系强度，为未来的深度合作和深入研究提供一定的参考。

第三节　工具简介与前期准备

一、工具简介

本研究主要利用 CiteSpace、Excel 和 NetDraw 三个可视化软件对各民族交往交流交融研究领域的关注度与传播度、研究力量、研究热点与前沿等进行知识图谱的构建，以可视化的方式展示各民族交往交流交融研究领域的关注度与传播度、研究力量、研究热点与前沿等研究对象的内在联系，便于研究者更直观地掌握这些基础数据。关于 CiteSpace 详细使用指南，请查阅《CiteSpace：科技文本挖掘及可视化》（第三版）、《科学前沿图谱：知识可视化探索》[1]等相关资料，本研究所采用的 CiteSpace 的版本和运行环境如图 1-2 所示。

CiteSpace 6.2.R3 (64-bit) Advanced	Windows 11 (CN/zh)	Java 17.0.2+8-LTS-86 (64-bit)
Built: May 1, 2023	Processors: 8	Java HotSpot(TM) 64-Bit Server VM
Expire: December 31, 2025	Host: DESKTOP-B4D44RG 117.174.71.226	Java Home: C:\Program Files\CiteSpace\runtime

图 1-2　本书使用的 CiteSpace 主要版本和运行环境

Microsoft Excel 作为行业领先的数据可视化和分析软件[2]，目前已在很多领域得到了运用，如金融领域[3]、物流领域[4]、电商领域[5]等。

---

[1] 陈超美，陈悦. 科学前沿图谱：知识可视化探索 [M]. 北京：科学出版社，2014.
[2] excel[EB/OL]. [2023-5-25]. https://www.microsoft.com/zh-cn/microsoft-365/excel.
[3] 斯文，鄢士昌，刘承彦，等. EXCEL 在金融中的应用 [M]. 北京：人民邮电出版社，2023.
[4] 高福军. Excel 在物流企业的应用 [M].2 版. 北京：清华大学出版社，2022.
[5] 孙德刚，黄约. Excel 电商数据分析与应用 [M]. 北京：人民邮电出版社，2022.

本书主要利用 Microsoft Excel 2016 对各民族交往交流交融研究领域的学术论文年代、论文被引频次、论文被下载频次、媒体关注度、发文作者、发文机构、载文期刊等研究对象进行统计和知识图谱的构建。

　　NetDraw 作为一款非常简单易学的社会网络分析和可视化软件，已广泛应用于智慧农业[1]、知识服务[2]、体育[3]、医学[4]等领域。本研究主要运用 NetDraw 构建各民族交往交流交融研究领域的发文机构、发文作者等研究对象的共现知识图谱，本书所采用的 NetDraw 版本如图1-3 所示。

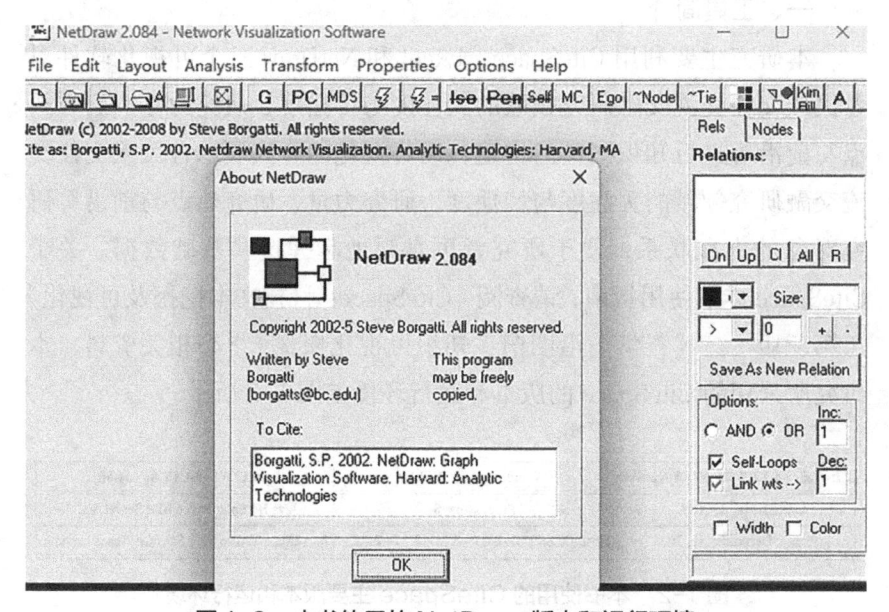

图1-3　本书使用的 NetDraw 版本和运行环境

---

[1] 王枫作. 智慧农业三大领域研究热点发展态势分析 [M]. 北京：中国农业科学技术出版社，2022.
[2] 姚伟，孙斌，张翠娟. 价值共创视域下科技型中小企业知识服务研究 [M]. 北京：企业管理出版社，2021.
[3] 龚靖雄，明宇. 基于 Netdraw 的国内外体育赛事研究对比分析及启示——以 2016—2020 年为期 [J]. 当代体育科技，2022(19)：161-165.
[4] 周芳，蔡威，李旭成，等. 基于 Ucinet 和 Netdraw 的国内新型冠状病毒中医药研究热点的可视化分析 [J]. 中华中医药学刊，2020，38(08)：5-11.

二、前期准备

1. 数据准备

"文献调研法"部分已初步阐述了运用文献调研法进行分析样本数据的检索收集，但由于学术期刊文献相对于学位论文、著作、论文集、报纸或报告等研究成果而言更具有时效性，更能折射出不同历史时期研究重点变迁的轨迹[①]；研究主题偏人文社会科学，而 CSSCI 又是教育部评价人文社会科学研究成果的重要依据[②]；中文核心期刊是北京大学图书馆联合众多学术界权威专家鉴定的，目前受到了学术界的广泛认同[③]；经对 CSSCI 平台收录的与各民族交往交流交融研究相关的数据的检索发现，其收录的与各民族交往交流交融研究有关的数据起源于 2016 年等因素，本书最终选择在 CNKI 来源数据库中检索收集所有收录到 CSSCI 来源期刊和中文核心期刊上的与各民族交往交流交融研究有关的学术研究成果。以主题="交往交流交融"为检索式在 CNKI 中进行分析样本数据的检索收集（其中时间范围设定为 2011—2022 年，来源类型选择北大核心期刊和 CSSCI，其他参数采用系统默认值，检索时间为 2023 年 6 月 1 日），结果检索到分析样本数据题录信息共 362 条，然后对检索到的 362 条题录信息进行去重及剔除讲话、资讯等非相关学术文献（如表 1-2 所示），最终筛选出可用于知识图谱构建和分析的样本数据题录信息 346 条，并对这些题录信息对应的学术文献进行梳理、下载及初步分析，以构成后续分析所需的与各民族交往交流交融研究有关的 CNKI 全文样本数据集。

[①] 黄维. 基于多方法融合的中国教育经济学知识图谱：1980—2010[M]. 北京：经济科学出版社，2012.
[②] 阳广元. 中国数字图书馆新技术运用研究的知识图谱：2004—2017[M]. 北京：科学出版社，2018.
[③] 中文核心期刊要目总览 [EB/OL]. [2023-5-24]. http://hxqk.lib.pku.edu.cn/.

表1-2 剔除的非相关文献详细信息（部分）

题名	来源	年份
《中国民族理论学科"十三五"发展回顾与前瞻》	《西南民族大学学报（人文社会科学版）》	2021
《中华民族共同体意识研究述评》	《贵州民族研究》	2021
《中华民族共同体意识研究的热点分析与路径演化——基于 Citespace 的知识图谱分析》	《中南民族大学学报（人文社会科学版）》	2021
《习近平出席中央第七次西藏工作座谈会并发表重要讲话》	《中国宗教》	2020
《做好新时代民族工作的根本遵循》	《红旗文稿》	2019
《汪洋在西藏调研时强调 坚持和贯彻新时代党的治藏方略 推进西藏长治久安和高质量发展》	《中国宗教》	2020
《铸牢中华民族共同体意识：研究现状与深化拓展》	《中南民族大学学报（人文社会科学版）》	2020
《中华民族共同体意识研究述评与前景展望》	《黑龙江民族丛刊》	2020
《全国期刊民族学、文化（社会）人类学研究论文索引（2019.8—2019.9）》	《广西民族研究》	2019
《民族新闻报道应厘清的问题》	《青年记者》	2015
《十八大以来我国民族理论创新发展的动力、内容与价值》	《探索》	2017

2. 数据处理

为尽可能地保证后续对各民族交往交流交融研究领域的知识图谱构建及分析的一致性和准确性，特做以下处理。

（1）期刊名称归一化处理

期刊名称的动态调整会导致各阶段的名称不一致，因此为便于后续分析研究的一致性，特对期刊名称做归一化处理，详见表1-3（部分）。

表1-3 期刊名称归一化处理（部分）

不同阶段的期刊名称	归一化后的期刊名称
《北方民族大学学报》	《北方民族大学学报（哲学社会科学版）》
《北方民族大学学报（哲学社会科学版）》	
《西南民族大学学报（人文社会科学版）》	《西南民族大学学报（人文社会科学版）》
《西南民族大学学报（人文社科版）》	

（2）机构名称归一化处理

作者在学术成果中标注发文机构的不统一性，导致无法对同一发文机构进行梳理分析，因此为便于后续分析研究的一致性，特对机构名称做归一化处理，详见表1-4（部分）。

表1-4 机构名称归一化处理（部分）

不同的机构名称标注	归一化后的名称
东北财经大学马克思主义学院	东北财经大学
东北财经大学公共管理学院	
中共中央编译局	中共中央编译局
中共中央编译局博士后工作站	
中共西藏自治区委员会党校公共管理教研部	中共西藏自治区委员会党校
中共西藏自治区委员会党校《西藏发展论坛》编辑部	
中国心理学会	中国心理学会
中国心理学会民族心理学专业委员会	
中国人民大学人口与发展研究中心	中国人民大学
中国人民大学心理学系	
中国人民大学社会与人口学院	
中国人民大学马克思主义学院	

续表

不同的机构名称标注	归一化后的名称
中南民族大学	中南民族大学
中南民族大学民族学与社会学学院	
中南民族大学马克思主义学院	
中南民族大学公共管理学院	
中南民族大学经济学院	
中南民族大学公共管理学院	
中南民族大学离退休工作处	
中南民族大学法学院	
中南民族大学中华民族共同体研究院	
中国统一战线理论研究会	中国统一战线理论研究会
中国统一战线理论研究会民族宗教甘肃基地	
中国社会科学院民族学与人类学研究所	中国社会科学院
中国社会科学院铸牢中华民族共同体意识研究基地	
中国社会科学院大学社会与民族学院	
中国社会科学院财经战略研究院	
中国社会科学院中国边疆研究所	
中国社会科学院大学历史学院	
中国社会科学院民族文学研究所	
中国社会科学院研究生院	
中国社会科学院民族学与人类学研究所世界民族研究室	
中央民族大学管理学院	中央民族大学
中央民族大学民族学与社会学学院	
中央民族大学历史文化学院	
中央民族大学教育学院	

续表

不同的机构名称标注	归一化后的名称
中央民族大学教育科学学院	中央民族大学
中央民族大学国家安全研究院	
中央民族大学经济学院	
中央民族大学藏学研究院	
中央民族大学哲学与宗教学学院	
中央民族大学期刊社	
中央民族大学校办	
中央民族大学中国民族理论与民族政策研究院	
中央民族大学中国特色民族理论研究基地	
中国藏学研究中心宗教研究所	中国藏学研究中心
中国藏学研究中心调研组	
中国藏学研究中心历史研究所	
中国藏学研究中心社会经济研究所	
中国藏学研究中心办公室秘书处	
云南大学西南边疆少数民族研究中心	云南大学
教育部重点人文社会科学研究基地云南大学西南边疆少数民族研究中心	
云南大学马克思主义学院	
云南大学历史与档案学院	
云南大学法学院	
云南大学政府管理学院	
云南大学民族政治研究院	
云南大学民族学与社会学学院	
云南大学民族政治研究院	
云南大学公共管理学院	

（3）基本参数

在开展各民族交往交流交融研究领域的知识图谱可视化分析前，需对相关软件做初始参数设置，以确保所构建的各民族交往交流交融研究领域的科学知识图谱所采用的基本参数一致。因本研究主要采用的可视化软件包括 CiteSpace、Excel 和 NetDraw，而 Excel 和 NetDraw 需根据具体分析对象设置相关参数，因此不需要提前进行基本参数的设置。所以本小节主要是对 CiteSpace 可视化软件进行参数的基本设置，其中时间区间（Time Slicing）设为 2011 年 1 月至 2022 年 12 月，术语来源（Term Source）选择学术论文的题名（Title）、学术论文的摘要（Abstract）、学术论文的关键词［Author Keywords（DE）］、CNKI 为学术论文设定的关键词［Keyword Plus（ID）］，视图裁剪（Pruning）设为关键路径算法（Pathfinder），其他参数默认，如图 1-4 所示。

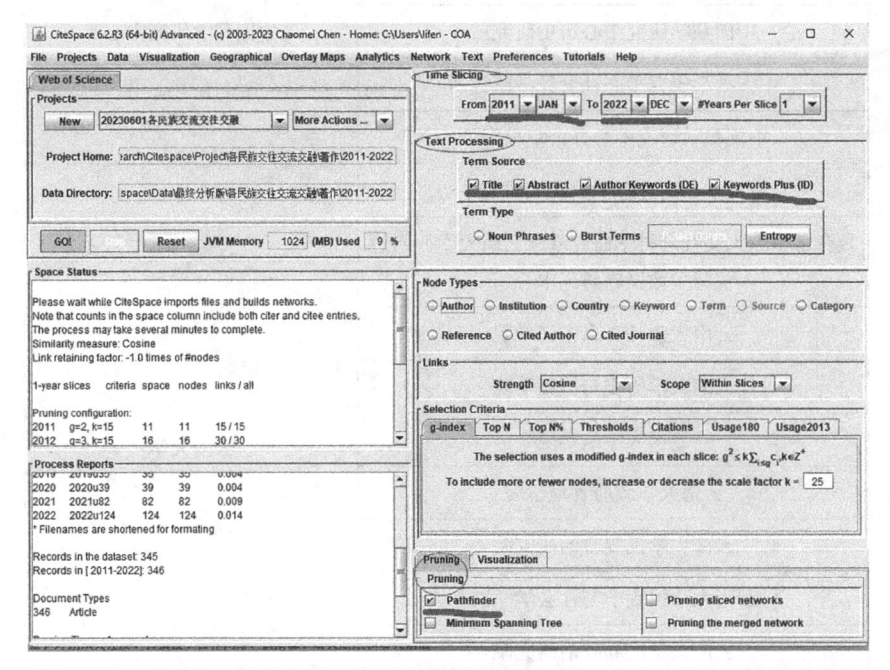

图 1-4　构建各民族交往交流交融研究领域相关知识图谱时的 CiteSpace 基本参数

第四节 研究内容与创新之处

一、研究内容

本书共分为五章,分别从关注度、传播度、发文作者、发文机构、载文期刊、研究热点和研究前沿七方面对当前各民族交往交流交融研究进行知识图谱的构建与分析,以全面梳理当前各民族交往交流交融研究领域的学术演化特点,绘制当前各民族交往交流交融研究领域的认知图谱,梳理出当前各民族交往交流交融研究领域的发展历程、逻辑结构和知识特征,揭示当前各民族交往交流交融研究领域的研究概貌,形成对当前各民族交往交流交融研究领域的学术演化过程的全面认识,提出该研究领域的未来发展建议,从科学知识图谱视角为后续该研究领域及其相关研究领域的纵向研究提供一定的信息参考与借鉴,实现该研究领域的新突破,促进新时代该研究领域的理论研究与实践应用的更深更实,推进该研究领域的纵深发展,具体研究框架如图1-5所示。

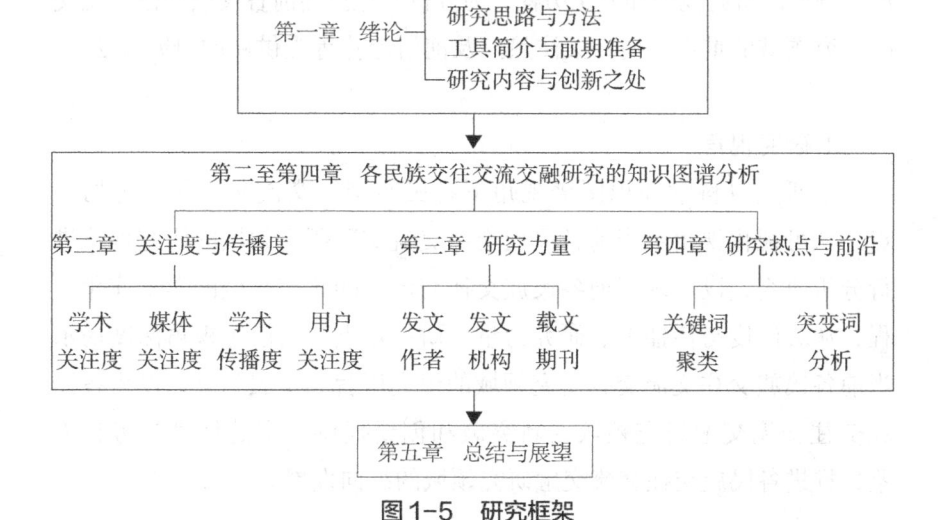

图1-5 研究框架

二、创新之处

1. 研究对象

本研究以党的二十大精神为指引，以各民族交往交流交融研究的发展历程为主线，以促进新时代各民族交往交流交融研究领域的理论研究与实践应用更深更实为方向，以 CNKI 中收录的发表于 2011—2022 年的与各民族交往交流交融研究有关的学术论文为研究对象，试图从科学知识图谱视角绘制当前各民族交往交流交融研究领域的认知图谱，以可视化的方式直观地展示当前各民族交往交流交融研究领域的研究概貌和演化历程，为揭示当前各民族交往交流交融研究领域的演化历程提供新视角。

2. 研究方法

本研究综合运用文献调研法、科学知识图谱法、内容分析法和共被引分析法，利用可视化工具，对与各民族交往交流交融研究相关的学术论文进行知识图谱可视化构建，从可视化视角对各民族交往交流交融研究领域的研究进展进行分析研究，展现当前各民族交往交流交融研究领域的研究概貌和演化历程，为分析和把握当前各民族交往交流交融研究领域的重点方向、关注热点及前沿趋势等提供新的研究方法。

3. 研究视角

本研究以科学知识图谱视角下各民族交往交流交融研究为切入点，从可视化视角对当前各民族交往交流交融研究领域的研究现状进行分析研究，以展现当前各民族交往交流交融研究领域的学术演化历程，从关注度与传播度、研究力量、研究热点与前沿等视角深度揭示当前各民族交往交流交融研究领域的研究概貌和发展脉络，以为各民族交往交流交融研究领域的新突破和创新提供一定的信息参考与借鉴，推进各民族交往交流交融研究领域的纵向发展。

第二章

各民族交往交流交融研究的关注度与传播度

关注度与传播度主要是以某一学科或研究领域的学术成果的年发文量、被引量、被下载量、报纸文献发文量为统计指标进行量化分析，以揭示该学科或研究领域的发展脉络、学术影响力、研究热度变化、媒体影响力和学术传播力等。[①②③] 例如，河海大学商学院刘谦等的《国内高价值专利研究热点演进与整合框架——基于SKM的可视化分析》一文通过对国内1997—2021年高价值专利领域学术成果的学术关注度（年发文量）的可视化梳理分析，发现国内高价值专利领域分为萌芽期（1997—2005）、成长期（2006—2015）和爆发期（2016—2021）三个阶段，并且其学术成果呈指数级增长趋势[④]；兴义民族师范学院文学与传媒学院胡贤林等的《乾嘉学派研究文献的知识图谱分析》一文通过对1964—2022年乾嘉学派研究文献的学术关注度（年发文量）的可视化梳理分析，发现乾嘉学派研究分为孕育期（1964—1991）、起步期（1992—1999）和快速发展期（2000—2022）三个阶段[⑤]；东莞理工学院法律与社会工作学院黄俊辉等的《智慧养老服务研究的知识图谱与研究展望——基于CiteSpace软件的分析》一文通过对2013—2021年我国智慧养老服务研究领域的学术传播度（高被引论文）的分析发现，这段时间该研究领域的高学术影响力的研究主题主要集中于"互联网+"和"智慧养老服务内涵"等领域[⑥]；河南师范大学教育学部张英丽等的《2006—2020年国内学术不端研究进展与文献述评》一文通过对2006—2020年国内学术不端相关研究领域

---

① 肖利斌，郑向敏，黄文胜. 国际旅游效率研究概况、热点及趋势——基于Web of Science核心合集的知识图谱分析 [J]. 西南民族大学学报（人文社会科学版），2022，43(01): 36-45.
② 丁佐奇，郑晓南，吴晓明. 科技论文被引频次与下载频次的相关性分析 [J]. 中国科技期刊研究，2010，21(04): 467-470.
③ 刘谦，姜南，王亚利，等. 国内高价值专利研究热点演进与整合框架——基于SKM的可视化分析 [J]. 科技进步与对策，2022，39(21): 151-160.
④ 刘谦，姜南，王亚利，等. 国内高价值专利研究热点演进与整合框架——基于SKM的可视化分析 [J]. 科技进步与对策，2022，39(21): 151-160.
⑤ 胡贤林，张进凯. 乾嘉学派研究文献的知识图谱分析 [J]. 南昌师范学院学报，2022，43(06): 129-134.
⑥ 黄俊辉，吴维伟，纪政，等. 智慧养老服务研究的知识图谱与研究展望——基于CiteSpace软件的分析 [J]. 现代商贸工业，2023，44(14): 54-56.

的学术传播度（高被引论文）和用户关注度（高下载论文）的分析发现，这段时间该研究领域的学术不端检测是学界所持续关注的热点之一，学术不端防治是学界所持续关注的另一个热点[1]；陕西科技大学马克思主义学院周鹏的《近30年来国内民族精神研究述评——基于CNKI的知识图谱分析》一文通过对1992—2022年国内民族精神研究领域的学术传播度（高被引论文）的分析发现，这段时间该研究领域学术传播度高的论文有《弘扬民族精神以培育社会主义核心价值观》《论爱国主义在中华民族精神中的核心地位》《梁启超的中华民族精神论》等[2]；长治学院思政部项迎芳等的《关系耦合与研究印象：群体性事件的知识图谱分析》一文通过对1989—2018年11月30日群体性事件研究领域的媒体关注度的分析发现，这段时间该研究领域受到了媒体领域的广泛关注[3]；等等。

本小节主要通过对各民族交往交流交融研究领域的学术关注度、媒体关注度、学术传播度和用户关注度四方面对各民族交往交流交融研究领域的关注度与传播度进行梳理分析，以全面揭示当前各民族交往交流交融研究领域的总体走势、发展脉络、学术（媒体）影响力、研究热度变化和学术传播力等。

第一节　各民族交往交流交融研究的学术关注度

各民族交往交流交融研究领域的学术关注度是以各民族交往交流交融研究领域的年发文量（篇数）为统计指标，以衡量和揭示各民族交往交流交融研究领域的学术成果的总体趋势、年度分布及发展变化

---

[1] 张英丽，戎华刚. 2006—2020年国内学术不端研究进展与文献述评[J]. 中国科技期刊研究, 2021, 32(07): 917-926.
[2] 周鹏. 近30年来国内民族精神研究述评——基于CNKI的知识图谱分析[J]. 西南民族大学学报（人文社会科学版）, 2023, 44(02): 232-240.
[3] 项迎芳，王义保. 关系耦合与研究印象：群体性事件的知识图谱分析[J]. 江苏师范大学学报（哲学社会科学版）, 2019, 45(06): 90-99.

等情况。据统计，各民族交往交流交融研究领域的年发文总量为346篇，年度平均发文量为28.83篇，其年发文量（篇数）分布情况表和年发文趋势图谱分别详见表2-1、图2-1所示。

表2-1 各民族交往交流交融研究领域的年度发文量（篇数）分布情况

年份	发文篇数	占总发文篇数的百分比	累计占总发文篇数的百分比
2011	3	0.87%	0.87%
2012	4	1.16%	2.02%
2014	2	0.58%	2.60%
2015	11	3.18%	5.78%
2016	11	3.18%	8.96%
2017	14	4.05%	13.01%
2018	20	5.78%	18.79%
2019	35	10.12%	28.90%
2020	39	11.27%	40.17%
2021	83	23.99%	64.16%
2022	124	35.84%	100.00%

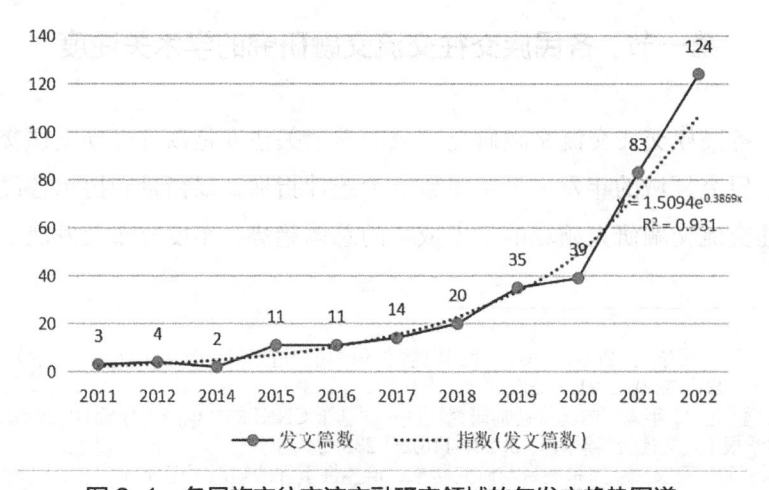

图2-1 各民族交往交流交融研究领域的年发文趋势图谱

结合表 2-1、图 2-1、年度发文量（篇数）、年度发文量（篇数）指数趋势线和来源数据库可知：（1）各民族交往交流交融研究领域的第一篇学术成果是发表在 2011 年《新疆师范大学学报（哲学社会科学版）》第 32 卷第 1 期的《论民族交流交往交融》一文，该文深度剖析了民族交往交流交融的内涵，指出"民族交往是民族关系的具体形式，民族交流是民族关系的具体内容，民族交融是社会主义初级阶段民族交往交流的本质要求"[①]。（2）从年度发文量（篇数）来看，年度发文篇数大于年度平均发文篇数（28.83 篇）的年份有 2019 年（35 篇）、2020 年（39 篇）、2021 年（83 篇）和 2022 年（124 篇），但是只占统计年份数量的 33.33%，这说明自从党中央提出"民族交往交流交融"以来，相关学术研究成果就开始不断产出，但从 2019 年开始出现高质量学术研究成果的井喷式产出，并且一直持续到现在。（3）当前各民族交往交流交融研究领域主要分为三个阶段。①引入期（2011—2014 年）。自从 2010 年党中央提出"民族交往交流交融"以来，学术界就开始意识到民族交往交流交融研究领域的理论研究与实践应用的重要性，逐步开展对各民族交往交流交融的研究实践，并于 2011 年开始正式出现相关的学术论文[②]，但是这个阶段所取得的与各民族交往交流交融研究相关的学术成果并不多，如 2011 年产出的学术论文为 3 篇、2012 年产出的学术论文为 4 篇、2013 年产出的学术论文为 0 篇和 2014 年产出的学术论文为 2 篇，其年度发文量（篇数）都低于 10 篇，这在一定程度上表明学术界虽然开始关注各民族交往交流交融研究领域的理论研究与实践应用，但是其研究深度和实践力度还不够，还处于引入阶段。②成长期（2015—2017 年）。学术界在前期不断的理论探索和实践应用的基础上，进一步加强了对各民族交往交流交融研究领域的研究实践，并再次取得了更多高质量的学术成

---

① 金炳镐，肖锐，毕跃光. 论民族交流交往交融[J]. 新疆师范大学学报（哲学社会科学版），2011, 32(01): 66-69.
② 金炳镐，肖锐，毕跃光. 论民族交流交往交融[J]. 新疆师范大学学报（哲学社会科学版），2011, 32(01): 66-69.

果（2015年产出的学术论文为11篇，2016年产出的学术论文为11篇，2017年产出的学术论文为14篇）。习近平总书记于2014年9月在中央民族工作会议暨国务院第六次全国民族团结进步表彰大会上提出"加强各民族交往交流交融，尊重差异、包容多样，让各民族在中华民族大家庭中手足相亲、守望相助"，并系统阐述了各民族交往交流交融的理念①，这为各民族交往交流交融研究领域的研究实践注入了新的理论养分和活力，促使各民族交往交流交融研究领域的高质量学术成果出现快速增长。③爆发期（2018年至今）。这个阶段在经历了前面引入期的摸索、成长期的快速增长后，学术界不仅积累了大量丰富的与各民族交往交流交融研究有关的理论知识，还收获了价值不菲的与各民族交往交流交融研究有关的实践经验。特别是2017年10月18日，习近平总书记在中国共产党第十九次全国代表大会上的报告中又明确指出"深化民族团结进步教育，铸牢中华民族共同体意识，加强各民族交往交流交融，促进各民族像石榴籽一样紧紧抱在一起，共同团结奋斗、共同繁荣发展"②，这为本处于高速成长阶段的各民族交往交流交融研究领域的研究实践再次注入了新的理论养分和动力，促使各民族交往交流交融研究领域的高质量学术成果出现井喷式增长（2018年产出的学术论文为20篇，2019年产出的学术论文为35篇，2020年产出的学术论文为39篇，2021年产出的学术论文为83篇，2022年产出的学术论文为124篇）。（4）从年发文量（篇数）指数趋势线来看，指数函数 $y=1.5094e^{0.3869x}$ 和 $R^2=0.931$ 都有力地表明各民族交往交流交融研究领域正处于高速爆发期，其高质量学术成果还将继续增长，并且党的二十大相关精神又为该研究领域注入了更新的理论养分和发展动力。

---

① 中央民族工作会议暨国务院第六次全国民族团结进步表彰大会举行 [EB/OL]. [2023-4-19]. https://www.gov.cn/xinwen/2014-09/29/content_2758816.htm.
② 权威发布：十九大报告全文 [EB/OL]. [2019-10-20]. https://www.spp.gov.cn/tt/201710/t20171018_202773.shtml.

第二节　各民族交往交流交融研究的媒体关注度

各民族交往交流交融研究领域的媒体关注度是以关注各民族交往交流交融研究领域的发展的报纸发文量（篇数）为统计指标，衡量和揭示各民族交往交流交融研究领域被媒体关注的程度以及其媒体影响力等。据统计，关注各民族交往交流交融研究领域发展的媒体共有43种，其累计发文篇数为159篇，其详细分布情况详见表2-2。

结合表2-2和来源数据库可知：（1）最关注各民族交往交流交融研究领域发展的媒体是《中国民族报》（发文31篇，占总发文的19.50%），这说明了《中国民族报》对各民族交往交流交融研究领域的发展十分关注和高度重视，并为各民族交往交流交融研究领域相关信息的传播起到了十分重要的作用，其次是《新疆日报（汉）》（发文22篇，占总发文的13.84%）、《人民政协报》（发文12篇，占总发文的7.55%）、《兵团日报（汉）》（发文11篇，占总发文的6.92%）、《西藏日报（汉）》（发文10篇，占总发文的6.29%）、《人民日报》（发文8篇，占总发文的5.03%）、《贵州民族报》（发文5篇，占总发文的3.14%）、《克拉玛依日报》（发文5篇，占总发文的3.14%）等，这些媒体也非常关注各民族交往交流交融研究领域的发展，为各民族交往交流交融研究领域相关信息的传播起到了不可忽视作用。（2）参照普赖斯定律计算高产作者的方式[1]可知，关注各民族交往交流交融研究领域发展的高产媒体的最低刊文篇数为4篇，即《中国民族报》《新疆日报（汉）》《人民政协报》《兵团日报（汉）》《西藏日报（汉）》《人民日报》《贵州民族报》《克拉玛依日报》《和田日报（汉）》9种媒体为关注各民族交往交流交融研究领域发展的高产媒体，这9种媒体的累计刊文篇数为108篇，占总刊文篇数的67.92%（远

---

[1] 陈新艳，郭玉强. 信息共享空间研究文献的定量分析[J]. 情报杂志，2009，28(07)：21-23.

大于50%[①]），这表明各民族交往交流交融研究领域已形成了以上9种媒体为代表的核心媒体群对各民族交往交流交融研究领域的发展进行持续性的跟踪关注和报道。

表2-2 各民族交往交流交融研究领域的媒体发文量（篇数）分布情况

序号	媒体名称	发文篇数	占总发文比例	累计占总发文比例
1	《中国民族报》	31	19.50%	19.50%
2	《新疆日报》（汉）	22	13.84%	33.33%
3	《人民政协报》	12	7.55%	40.88%
4	《兵团日报》（汉）	11	6.92%	47.80%
5	《西藏日报》（汉）	10	6.29%	54.09%
6	《人民日报》	8	5.03%	59.12%
7	《贵州民族报》	5	3.14%	62.26%
8	《克拉玛依日报》	5	3.14%	65.41%
9	《和田日报》（汉）	4	2.52%	67.92%
10	《巴音郭楞日报》（汉）	3	1.89%	69.81%
11	《克孜勒苏日报》（汉）	3	1.89%	71.70%
12	《青海日报》	3	1.89%	73.58%
13	《乌鲁木齐晚报》（汉）	3	1.89%	75.47%
14	《阿克苏日报》（汉）	2	1.26%	76.73%
15	《凉山日报》（汉）	2	1.26%	77.99%
16	《林芝报》（汉）	2	1.26%	79.25%
17	《南宁日报》	2	1.26%	80.50%
18	《宁夏日报》	2	1.26%	81.76%

①李文以.《档案管理》1995—2005年核心作者群分析 [J]. 档案管理，2006(04): 48-50.

续表

序号	媒体名称	发文篇数	占总发文比例	累计占总发文比例
19	《塔城日报》（汉）	2	1.26%	83.02%
20	《吴忠日报》	2	1.26%	84.28%
21	《中国社会科学报》	2	1.26%	85.53%
22	《中国文物报》	2	1.26%	86.79%
23	《巴彦淖尔日报》（汉）	1	0.63%	87.42%
24	《昌吉日报》（汉）	1	0.63%	88.05%
25	《大理日报》（汉）	1	0.63%	88.68%
26	《广西日报》	1	0.63%	89.31%
27	《哈密日报》（汉）	1	0.63%	89.94%
28	《湖北日报》	1	0.63%	90.57%
29	《环球时报》	1	0.63%	91.19%
30	《解放日报》	1	0.63%	91.82%
31	《喀什日报》（汉）	1	0.63%	92.45%
32	《开封日报》	1	0.63%	93.08%
33	《拉萨晚报》	1	0.63%	93.71%
34	《联合时报》	1	0.63%	94.34%
35	《绵阳日报》	1	0.63%	94.97%
36	《内蒙古日报》（汉）	1	0.63%	95.60%
37	《青岛日报》	1	0.63%	96.23%
38	《陕西日报》	1	0.63%	96.86%
39	《吐鲁番日报》（汉）	1	0.63%	97.48%
40	《团结报》	1	0.63%	98.11%
41	《银川日报》	1	0.63%	98.74%
42	《云南日报》	1	0.63%	99.37%
43	《中山日报》	1	0.63%	100.00%

第三节 各民族交往交流交融研究的学术传播度

各民族交往交流交融研究领域的学术传播度是以各民族交往交流交融研究领域的学术成果的被引量（次数）为统计指标，以衡量和揭示各民族交往交流交融研究领域的学术成果的学术影响力、高学术影响力学术成果的作者及其所在机构等分布情况。据统计，各民族交往交流交融研究领域被引量≥100次的高被引学术成果有9篇，其详细分布情况见表2-3。

结合表2-3和来源数据库可知：（1）各民族交往交流交融研究领域单篇被引次数最高的学术成果是中国科学院-清华大学国情研究中心、清华大学公共管理学院胡鞍钢教授和胡联合博士于2011年合作发表在《新疆师范大学学报（哲学社会科学版）》第32卷第5期上的《第二代民族政策：促进民族交融一体和繁荣一体》一文，被引次数高达320次，这表明该学术论文是当前各民族交往交流交融研究领域学术影响力最高的学术论文，其涉及的研究主题和研究内容受到了当前各民族交往交流交融研究领域及其相关研究领域的研究者的高度关注和引用，对当前各民族交往交流交融研究领域的发展起到了十分重要的支撑作用和推动作用。其次依次是中国社会科学院民族学与人类学研究所所长王延中研究员于2018年发表在《民族研究》第1期上的《铸牢中华民族共同体意识建设中华民族共同体》（被引次数为251次），中国社会科学院民族学与人类学研究所博士研究生导师、丽水学院客座教授王希恩于2016年发表在《学术界》第4期上的《民族的融合、交融及互嵌》（被引次数为191次），中央民族大学中国民族理论与民族政策研究院院长、博士研究生导师金炳镐教授等于2011年合作发表在《新疆师范大学学报（哲学社会科学版）》第32卷第1期上的《论民族交流交往交融》（被引次数为178次），南开大学周恩来政府管理学院郝亚明教授于2015年发表在《民族研究》

第3期上的《西方群际接触理论研究及启示》（被引次数为153次），中央民族大学博士研究生导师麻国庆教授于2017年发表在《中央民族大学学报（哲学社会科学版）》第44卷第6期上的《民族研究的新时代与铸牢中华民族共同体意识》（被引次数为144次），云南大学公共管理学院博士研究生导师周平教授于2015年发表在《政治学研究》第4期上的《中华民族：中华现代国家的基石》（被引次数为136次），郝亚明教授于2019年发表在《西南民族大学学报（人文社会科学版）》第40卷第3期上的《中华民族共同体意识视角下的民族交往交流交融研究》（被引次数为132次）和他于2019年发表在《中南民族大学学报（人文社会科学版）》第39卷第3期上的《民族互嵌与民族交往交流交融的内在逻辑》（被引次数为128次），这些高学术传播度的学术成果涉及的研究主题和研究内容受到了当前各民族交往交流交融研究领域及其相关研究领域的研究者的关注和引用，对当前各民族交往交流交融研究领域的发展也起到了非常重要的支撑和推动作用。（2）按发表这些高被引学术成果的发文作者的发文量从多到少排序（相同被引量的作者按姓的首字母顺序排列）依次为郝亚明（3篇次）、毕跃光（1篇次）、胡鞍钢（1篇次）、胡联合（1篇次）、金炳镐（1篇次）、麻国庆（1篇次）、王希恩（1篇次）、王延中（1篇次）、肖锐（1篇次）、周平（1篇次），这在一定程度上说明郝亚明教授既是当前各民族交往交流交融研究领域发表高被引学术成果最多的研究者，也是为提升当前各民族交往交流交融研究领域的学术影响力做出贡献最多的研究者。（3）按刊载学术成果的篇数从多到少排序（相同载文量的期刊按期刊名称第一字的首字母顺序排列）依次为《民族研究》（2篇次）、《新疆师范大学学报（哲学社会科学版）》（2篇次）、《西南民族大学学报（人文社会科学版）》（1篇次）、《学术界》（1篇次）、《政治学研究》（1篇次）、《中南民族大学学报（人文社会科学版）》（1篇次）、《中央民族大学学报（哲学社会科学版）》（1篇次），这在一定程度上说明《民族研究》和《新疆师范大学学报（哲学社会科学版）》两种载文期刊既是刊发当前各民族交往交流交融研究领域高被引学术成果最多的期刊,也是为当前各民族交往交流交融研究领域高学术成果的发表和传播起支撑作用最多的期刊。(4)按发表这些高被引学术成果的发文作者所在机构的发文量从多到少排序(相同发文量的机构按机构名称第一字的首字母顺序排列)依次为南开大学(3篇次)、中国社会科学院(2篇次)、中央民族大学(2篇次)、清华大学(1篇次)和云南大学(1篇次),这在一定程度上说明南开大学既是当前各民族交往交流交融研究领域发表高被引学术成果最多的研究机构,也是为提升当前各民族交往交流交融研究领域的学术影响力做出贡献最多的研究机构。(5)从高被引学术成果的发文年代来看,当前各民族交往交流交融研究领域的高被引学术成果主要分布在2011年(2篇)、2015年(2篇)、2019年(2篇)、2016年(1篇)、2017年(1篇)、2018年(1篇),这说明当前各民族交往交流交融研究领域的高被引学术成果主要集中在2011年、2015年和2019年。

表2-3 各民族交往交流交融研究领域的高被引(被引量≥100次)学术成果列表[1]

序号	题名	作者	来源	被引频次
1	《第二代民族政策:促进民族交融一体和繁荣一体》	胡鞍钢、胡联合	《新疆师范大学学报(哲学社会科学版)》,2011,32(05)	320
2	《铸牢中华民族共同体意识建设中华民族共同体》	王延中	《民族研究》,2018(01)	251
3	《民族的融合、交融及互嵌》	王希恩	《学术界》,2016(04)	191
4	《论民族交流交往交融》	金炳镐、肖锐、毕跃光	《新疆师范大学学报(哲学社会科学版)》,2011,32(01)	178
5	《西方群际接触理论研究及启示》	郝亚明	《民族研究》,2015(03)	153

---

[1] 数据来源于CNKI(检索时间为2023年6月2日)。

续表

序号	题名	作者	来源	被引频次
6	《民族研究的新时代与铸牢中华民族共同体意识》	麻国庆	《中央民族大学学报（哲学社会科学版）》，2017，44（06）	144
7	《中华民族：中华现代国家的基石》	周平	《政治学研究》，2015（04）	136
8	《中华民族共同体意识视角下的民族交往交流交融研究》	郝亚明	《西南民族大学学报（人文社会科学版）》，2019，40（03）	132
9	《民族互嵌与民族交往交流交融的内在逻辑》	郝亚明	《中南民族大学学报（人文社会科学版）》，2019，39（03）	128

第四节　各民族交往交流交融研究的用户关注度

各民族交往交流交融研究领域的用户关注度是以各民族交往交流交融研究领域学术成果的下载量（次数）为统计指标，以衡量和揭示各民族交往交流交融研究领域学术成果的扩散速率和传播效率、高下载量学术成果的作者及其所在机构等分布情况。据统计，各民族交往交流交融研究领域下载量≥5000次的高下载学术成果有10篇，其详细分布情况见表2-4。

结合表2-4和来源数据库可以发现：（1）各民族交往交流交融研究领域单篇下载次数最高的学术成果是中国社会科学院民族学与人类学研究所所长王延中研究员于2018年发表在《民族研究》第1期上的《铸牢中华民族共同体意识建设中华民族共同体》一文，下载次数高达23628次，这表明该学术论文是当前各民族交往交流交融研究领域扩散速率和传播效率都最高的学术论文，其涉及的研究主题和研究内容受到了当前各民族交往交流交融研究领域及其相关研究领域的研究者的高度关注和引用，为当前各民族交往交流交融研究领域的信息扩散和传播起到了十分重要的作用。其次依次是中央民族大学博士研究生导师麻国庆教授于2017年发表在《中央民族大学学报（哲学社会科学版）》第44卷第6期上的《民族研究的新时代与铸牢中华民族共同体意识》（下载次数为9583次），北京理工大学马克思主义学院博士后张伦阳和中央民族大学民族学与社会学学院（中国民族理论与民族政策研究院）博士研究生导师、西南民族大学马克思主义学院博士研究生导师王伟教授于2021年合作发表在《民族学刊》第12卷第1期上的《铸牢中华民族共同体意识：理论逻辑、现实基础和实践路径》（下载次数为9039次），南开大学周恩来政府管理学院郝亚明教授于2019年发表在《西南民族大学学报（人文社会科学版）》第40卷第3期上的《中华民族共同体意识视角下的民族交往交流交融研究》（下载次数为8483次），中国科学院-清华大学国情研究中心、清华大学公共管理学院胡鞍钢教授和胡联合博士于2011年合作发表在《新疆师范大学学报（哲学社会科学版）》第32卷第5期上的《第二代民族政策：促进民族交融一体和繁荣一体》（下载次数为8124次），曲阜师范大学马克思主义学院硕士研究生导师孔亭教授于2022年发表在《江苏大学学报（社会科学版）》第24卷第2期上的《铸牢中华民族共同体意识面临的挑战与应对》（下载次数为6848次），南开大学周恩来政府管理学院郝亚明教授于2019年发表在《中南民族大学学报（人文社会科学版）》第39卷第3期上的《民族互嵌与民族交往交流交融的内在逻辑》（下载次数为6266次），中央民族大学中国民族理论与民族政策研究院院长、博士研究生导师金炳镐教授等于2011年发表在《新疆师范大学学报（哲学社会科学版）》第32卷第1期上的《论民族交流交往交融》（下载次数为6164次），中国人民大学马克思主义学院党委书记兼常务副院长、北京高校思想政治理论课高精尖创新中心常务副主任、博士研究生导师王易教授等于2019年发表在《民族教育研究》第30卷第4期上的《民族地区铸牢中华民族共同体意识的现实问题及路径选择》（下载次数为5900次）和南开大学周恩来政府管理学院高永久教授等于2021年发表在《思想战线》第 47 卷第 1 期上的《论民族交往交流交融与铸牢中华民族共同体意识的思想基础》（下载次数为 5062 次），这些高扩散速率和传播效率的学术成果涉及的研究主题和研究内容也受到了当前各民族交往交流交融研究领域及其相关研究领域的研究者的关注和引用，也为当前各民族交往交流交融研究领域的信息扩散和传播起到了非常重要的作用。（2）按发表这些高下载学术成果的发文作者的发文量从多到少排序（相同下载量的作者按姓的首字母顺序排列）依次为郝亚明（2 篇次）、毕跃光（1 篇次）、陈玲（1 篇次）、高永久（1 篇次）、胡鞍钢（1 篇次）、胡联合（1 篇次）、金炳镐（1 篇次）、孔亭（1 篇次）、麻国庆（1 篇次）、王伟（1 篇次）、王延中（1 篇次）、王易（1 篇次）、肖锐（1 篇次）、张伦阳（1 篇次）、赵志远（1 篇次），这在一定程度上说明南开大学周恩来政府管理学院郝亚明教授既是当前各民族交往交流交融研究领域发表高下载学术成果最多的研究者，也是为提升当前各民族交往交流交融研究领域学术传播效率做出贡献最多的研究者。（3）按刊载学术成果的篇数从多到少排序（相同载文量的期刊按期刊名称第一个字的首字母顺序排列）依次为《新疆师范大学学报（哲学社会科学版）》（2 篇次）、《江苏大学学报（社会科学版）》（1 篇次）、《民族教育研究》（1 篇次）、《民族学刊》（1 篇次）、《民族研究》（1 篇次）、《思想战线》（1 篇次）、《西南民族大学学报（人文社会科学版）》（1 篇次）、《中南民族大学学报（人文社会科学版）》（1 篇次）、《中央民族大学学报（哲学社会科学版）》（1 篇次），这在一定程度上说明载文期刊《新疆师范大学学报（哲学社会科学版）》既是刊发当前各民族交往交流交融研究领域高下载学术成果最多的期刊，也是为当前各民族交往交流交融研究领域高学术成果的发表和传播起支撑作用最多的期刊。（4）按发表这些高下载学术成果的发文作者所在机构的发文量从多到少排序（相同发文量的机构按机构名称第一个字的首字母顺序排列）依次为南开大学（3 篇次）、中央民族大学（3 篇次）、清华大学（2 篇次）、北京理工大学（1 篇次）、曲阜师范大学（1 篇次）、西南民族大学（1 篇次）、中国人民大学（1 篇次）、中国社会科学院（1篇次），这在一定程度上说明南开大学和中央民族大学既是当前各民族交往交流交融研究领域发表高下载学术成果最多的研究机构，也是为提升当前各民族交往交流交融研究领域学术传播效率做出贡献最多的研究机构。（5）当前各民族交往交流交融研究领域的高下载学术成果主要分布在2019年（3篇）、2011年（2篇）、2021年（2篇）、2017年（1篇）、2018年（1篇）、2022年（1篇），这说明当前各民族交往交流交融研究领域的高下载学术成果主要集中在2019年、2011年和2021年。

表2-4 各民族交往交流交融研究领域的高下载（下载量≥5000次）学术成果列表[①]

序号	题名	作者	来源	下载量
1	《铸牢中华民族共同体意识 建设中华民族共同体》	王延中	《民族研究》，2018（01）	23628
2	《民族研究的新时代与铸牢中华民族共同体意识》	麻国庆	《中央民族大学学报（哲学社会科学版）》，2017，44（06）	9583
3	《铸牢中华民族共同体意识：理论逻辑、现实基础和实践路径》	张伦阳、王伟	《民族学刊》，2021，12（01）	9039
4	《中华民族共同体意识视角下的民族交往交流交融研究》	郝亚明	《西南民族大学学报（人文社会科学版）》，2019，40（03）	8483
5	《第二代民族政策：促进民族交融一体和繁荣一体》	胡鞍钢、胡联合	《新疆师范大学学报（哲学社会科学版）》，2011，32（05）	8124
6	《铸牢中华民族共同体意识面临的挑战与应对》	孔亭	《江苏大学学报（社会科学版）》，2022，24（02）	6848

[①] 数据来源于CNKI（检索时间为2023年6月2日）。

续表

序号	题名	作者	来源	下载量
7	《民族互嵌与民族交往交流交融的内在逻辑》	郝亚明	《中南民族大学学报（人文社会科学版）》，2019，39（03）	6266
8	《论民族交流交往交融》	金炳镐、肖锐、毕跃光	《新疆师范大学学报（哲学社会科学版）》，2011，32（01）	6164
9	《民族地区铸牢中华民族共同体意识的现实问题及路径选择》	王易、陈玲	《民族教育研究》，2019，30（04）	5900
10	《论民族交往交流交融与铸牢中华民族共同体意识的思想基础》	高永久、赵志远	《思想战线》，2021，47（01）	5062

第五节 结论与讨论

一、我国各民族交往交流交融研究领域知识生产正处于快速成长阶段

我国各民族交往交流交融知识生产显现出三个历史阶段：引入期（2011—2014年）、成长期（2015—2017年）和爆发期（2018年至今）。从学科发展角度和年度发文量（篇数）来看，我国各民族交往交流交融研究领域的相关研究成果一直处于增长的态势，这一方面得益于国家层面对各民族交往交流交融的重视，另一方面是各民族交往交流交融在铸牢中华民族共同体意识、推进中华民族共同体建设中发挥着十分重要的作用，这两者的交互作用有力地提高了我国各民族交往交流交融研究被关注和被重视的重要地位，带来了我国各民族交往交流交融研究领域发展的欣欣向荣。

二、我国各民族交往交流交融研究领域知识传播媒体呈现集中性强的特点

当前我国各民族交往交流交融研究领域已形成了以《中国民族报》《新疆日报（汉）》《人民政协报》《兵团日报（汉）》《西藏日报（汉）》《人民日报》《贵州民族报》《克拉玛依日报》《和田日报（汉）》等9种媒体为代表的核心媒体群，但是从我国各民族交往交流交融研究的媒体关注度来看，这些知识传播媒体虽然有部分是非民族报刊，但还是以民族报刊为主。由此可知，我国各民族交往交流交融研究领域的知识传播媒体分布十分集中，有较固定的媒体传播主体，有利于我国各民族交往交流交融研究领域知识的对外传播。另外，《中国民族报》《新疆日报（汉）》是我国各民族交往交流交融研究领域知识传播最集中的媒体。

三、我国各民族交往交流交融研究领域知识影响力正处于快速提升阶段

无论是从学术传播度角度来看，还是从用户关注度角度来看，发表这些高传播度和高关注度研究成果的学者的职称绝大多数都是高级职称以上（如胡鞍钢、王延中、王希恩、毕跃光、郝亚明、麻国庆等），而且或多或少都受到了国家级、省部级及厅局级等项目（如国家社会科学基金、中宣部、教育部等）的资助。刊载这些高传播度和高关注度研究成果的学术载体绝大多数都是CSSCI来源期刊或中文核心期刊［如《民族研究》《中央民族大学学报（哲学社会科学版）》《思想战线》《政治学研究》《西南民族大学学报（人文社会科学版）》等］。另外，发表这些高传播度和高关注度研究成果的学者也绝大多数来自985或211高校（如南开大学、中央民族大学、云南大学、清华大学、中国人民大学等）。这些说明我国各民族交往交流交融研究领域知识影响力较大，并且这些交互作用共同促使我国各民族交往交流交融研究领域的知识影响力再次有效提升。

第三章

各民族交往交流交融研究的力量分析

第一节 发文作者

发文作者知识图谱分析是以各民族交往交流交融研究领域的学术成果的发文作者为统计指标，以揭示各民族交往交流交融研究领域的发文作者分布、高产发文作者分布、发文作者所在机构分布及其之间的合作关系等情况，以为未来各民族交往交流交融研究领域的深度研究应用和发文作者之间的广泛合作交流提供一定的资料参考，促使各民族交往交流交融研究领域产出更多高质量的交叉学术成果。如中南财经政法大学法学院李慧君的《国内个人信息保护研究的热点主题与演进趋势——基于CiteSpace的知识图谱分析》一文通过对2003—2022年国内个人信息保护研究领域的核心发文作者的分析发现，这段时间该研究领域已形成了以丁晓东、齐爱民、高富平、程啸、张新宝等为代表的核心发文作者群，但作者之间的合作强度还不够[1]；广州南方学院许丹云等的《"新文科"视域下中国外语研究的现状评述——基于CiteSpace知识图谱的可视化分析（2018—2022年）》一文通过对2018—2022年"新文科+外语"研究领域的发文作者的分析发现，这段时间该研究领域已初步形成了以全继刚、王钢、张生祥、崔丹、张清俐等为代表的高产发文作者，而且作者之间的合作强度较高[2]；南宁职业技术学院李东升的《我国职业教育研究现状及趋势的知识图谱分析——基于CSSCI数据库（1998—2022）数据》一文通过对1998—2022年我国职业教育研究领域的发文作者的分析发现，这段时间该研究领域已形成了以朱德全、石伟平、徐国庆、吴雪萍、周建松等为代表的高产发文作者，而且作者之间的合作深度和强

---

[1] 李慧君. 国内个人信息保护研究的热点主题与演进趋势——基于CiteSpace的知识图谱分析[J]. 昆明理工大学学报(社会科学版), 2023, 23(01): 78-89.
[2] 许丹云, 刘祖佚. "新文科"视域下中国外语研究的现状评述——基于CiteSpace知识图谱的可视化分析(2018—2022年)[J]. 贵州师范学院学报, 2023, 39(02): 74-84.

度都很高[1]；成都中医药大学眼科学院刘春等的《中医药治疗白内障的 CiteSpace 知识图谱分析》一文通过对 1957 年 4 月至 2022 年 6 月中医药治疗白内障研究领域的发文作者的分析发现，这段时间该研究领域已初步形成了以祁明信、黄秀榕、严京、胡艳红、刘瑞华、吴正正等为代表的高产发文作者，但发文作者之间的合作深度和强度还不够[2]；等等。

本小节主要通过发文作者的整体性分析和发文作者的阶段性分析两部分对当前各民族交往交流交融研究领域的学术成果的发文作者进行相关科学知识图谱的构建、梳理和分析，以揭示当前各民族交往交流交融研究领域在各个时期的发文作者分布、高产发文作者分布、发文作者所在机构分布及其之间的合作关系等情况。

一、发文作者的整体性分析

据统计，346 篇与各民族交往交流交融研究有关的学术论文共涉及 470 位发文作者[3]，这 470 位发文作者累计发文篇数为 559 篇次，人均发文篇数约为 1.2 篇次，其中发文量大于 1.2 篇次的发文作者有 54 位，只占总发文作者的 11.49%。依据普赖斯定律可知[4]，各民族交往交流交融研究领域的高产发文作者的最低发文量约 2 篇次（$0.749 \times \sqrt{7} \approx 2$），详见表 3-1。

为展示和厘清当前各民族交往交流交融研究领域发文作者之间的合作关系，运用 CiteSpace 可视化软件构建当前各民族交往交流交融研究领域的发文作者共现知识图谱。首先按图 3-1 在 CiteSpace 可视化软件上设定构建当前各民族交往交流交融研究领域的发文作者共现知识图谱的基本参数值，然后设置节点类型（Node Types）为学术论

---

[1] 李东升. 我国职业教育研究现状及趋势的知识图谱分析——基于CSSCI数据库(1998—2022) 数据 [J]. 中国职业技术教育，2023, No.844(12): 51-60.
[2] 刘春，王露瑶，段俊国. 中医药治疗白内障的 CiteSpace 知识图谱分析 [J]. 成都中医药大学学报，2023, 46(02): 65-72.
[3] 统计时，按发文作者在样本学术论文中作者栏出现一次即计发文 1 篇次。
[4] 阳广元，邓进. 国外 E-Science 研究论文的计量研究 [J]. 西南民族大学学报（人文社会科学版），2015, 36(03): 234-240.

文的发文作者（Author），选择标准（Selection Criteria）中将 TopN%设置为 100%，其他参数均采用 CiteSpace 可视化软件设定的默认值，详见图 3-1。然后点击 CiteSpace 可视化软件上的"GO!"按钮以生成当前各民族交往交流交融研究领域的发文作者共现知识图谱，如图 3-2 所示。

表 3-1 各民族交往交流交融研究领域的高产发文作者列表（发文篇次≥2）

序号	作者	学术论文标注的研究机构	发文篇次	占总发文的比例	累计占总发文比例
1	郝亚明	贵州民族大学中华民族共同体研究院 贵州民族大学中华民族共同体研究基地 南开大学周恩来政府管理学院	7	1.25%	1.25%
2	金炳镐	中央民族大学中国特色民族理论研究基地 中国统一战线研究会民族宗教理论甘肃研究基地 中央民族大学中国民族理论与民族政策研究院 贵州民族大学	6	1.07%	2.33%
3	田钒平	西南民族大学法学院 湖北民族大学	6	1.07%	3.40%
4	高永久	南开大学民族事务研究中心 南开大学周恩来政府管理学院 南开大学-太和智库边疆发展研究中心	5	0.89%	4.29%
5	罗彩娟	广西民族大学民族学与社会学学院	5	0.89%	5.19%
6	石硕	四川大学中国藏学研究所 四川大学铸牢中华民族共同体意识研究基地	4	0.72%	5.90%
7	王文光	教育部重点人文社会科学研究基地云南大学西南边疆少数民族研究中心 云南大学西南边疆少数民族研究中心	4	0.72%	6.62%
8	李静	兰州大学铸牢中华民族共同体意识研究培育基地 兰州大学西北少数民族研究中心	4	0.72%	7.33%
9	麻国庆	中央民族大学民族学与社会学学院	3	0.54%	7.87%

续表

序号	作者	学术论文标注的研究机构	发文篇次	占总发文的比例	累计占总发文比例
10	纳日碧力戈	复旦大学社会发展与公共政策学院 内蒙古师范大学 云南大学民族学与社会学学院	3	0.54%	8.41%
11	宗喀·漾正冈布	兰州大学西北少数民族研究中心	3	0.54%	8.94%
12	王瑜	南宁师范大学教育科学学院 广西民族大学教育科学学院	3	0.54%	9.48%
13	王希恩	中国社会科学院民族学与人类学研究所	3	0.54%	10.02%
14	杨龙文	南开大学民族事务研究中心	3	0.54%	10.55%
15	杜娟	中国社会科学院民族学与人类学研究所	3	0.54%	11.09%
16	李曦辉	中央民族大学管理学院	3	0.54%	11.63%
17	朱碧波	云南师范大学马克思主义学院 云南师范大学历史与行政学院	3	0.54%	12.16%
18	严庆	中央民族大学中国民族理论与民族政策研究院	3	0.54%	12.70%
19	任新民	云南大学马克思主义学院	2	0.36%	13.06%
20	满珂	西北民族大学民族学与社会学学院	2	0.36%	13.42%
21	姜永志	南开大学周恩来政府管理学院社会心理学系 内蒙古民族大学教育科学学院民族教育研究所	2	0.36%	13.77%
22	高承海	西北师范大学西北少数民族教育发展研究中心	2	0.36%	14.13%
23	毕跃光	中央民族大学中国民族理论与民族政策研究院 云南民族大学	2	0.36%	14.49%
24	金浩	内蒙古民族大学马克思主义学院 中央民族大学中国民族理论与民族政策研究院	2	0.36%	14.85%
25	黄基鑫	中央民族大学管理学院 中央财经大学商学院	2	0.36%	15.21%
26	钟梅燕	北方民族大学国家民委中华民族共同体研究基地 北方民族大学马克思主义学院	2	0.36%	15.56%

续表

序号	作者	学术论文标注的研究机构	发文篇次	占总发文的比例	累计占总发文比例
27	王延中	中国社会科学院民族学与人类学研究所	2	0.36%	15.92%
28	王增武	安徽大学社会与政治学院	2	0.36%	16.28%
29	王振杰	兰州大学西北少数民族研究中心	2	0.36%	16.64%
30	袁同凯	南开大学社会学系	2	0.36%	16.99%
31	白红梅	内蒙古民族大学教育科学学院 内蒙古民族大学民族教育研究所	2	0.36%	17.35%
32	赵野春	武警警官学院分队指挥系	2	0.36%	17.71%
33	赵罗英	中国社会科学院民族学与人类学研究所	2	0.36%	18.07%
34	赵月梅	中国社会科学院民族学与人类学研究所 中国社会科学院民族学与人类学研究所世界民族研究室	2	0.36%	18.43%
35	马忠才	西北民族大学铸牢中华民族共同体意识研究院 国家民委区域与国别研究中心——中亚与中国西北边疆研究中心	2	0.36%	18.78%
36	马小燕	西藏民族大学文学院	2	0.36%	19.14%
37	马小婷	中央民族大学教育科学学院 广西民族大学教育科学学院	2	0.36%	19.50%
38	杨亚蓉	烟台大学民族研究所	2	0.36%	19.86%
39	杨须爱	中共中央编译局 中共中央编译局博士后工作站	2	0.36%	20.21%
40	周鹏	山东大学政治学与公共管理学院	2	0.36%	20.57%
41	车明怀	西藏自治区社会科学院	2	0.36%	20.93%
42	汤夺先	安徽大学社会与政治学院	2	0.36%	21.29%
43	董强	贵州民族大学民族学与历史学学院	2	0.36%	21.65%

续表

序号	作者	学术论文标注的研究机构	发文篇次	占总发文的比例	累计占总发文比例
44	李建军	新疆师范大学马克思主义学院 新疆师范大学国际文化交流学院 新疆师范大学学报编辑部 新疆普通高校人文社科重点研究基地"中亚汉语国际教育研究中心"	2	0.36%	22.00%
45	李洁	兰州大学西北少数民族研究中心	2	0.36%	22.36%
46	陈宗荣	中国藏学研究中心	2	0.36%	22.72%
47	陈永亮	西南大学历史文化学院民族学院	2	0.36%	23.08%
48	祁进玉	中央民族大学民族学与社会学学院	2	0.36%	23.43%
49	强健	兰州大学铸牢中华民族共同体意识研究培育基地 兰州大学西北少数民族研究中心 呼伦贝尔学院教育学院	2	0.36%	23.79%
50	张立辉	西南民族大学西南民族研究院 武警警官学院	2	0.36%	24.15%
51	张景明	北方民族大学民族学学院	2	0.36%	24.51%
52	刘晓春	中国社会科学院民族学与人类学研究所	2	0.36%	24.87%
53	刘小珉	中国社会科学院民族学与人类学研究所 中国社会科学院铸牢中华民族共同体意识研究基地	2	0.36%	25.22%
54	唐贤秋	广西民族大学政治与公共管理学院 广西中华民族共同体意识研究院	2	0.36%	25.58%

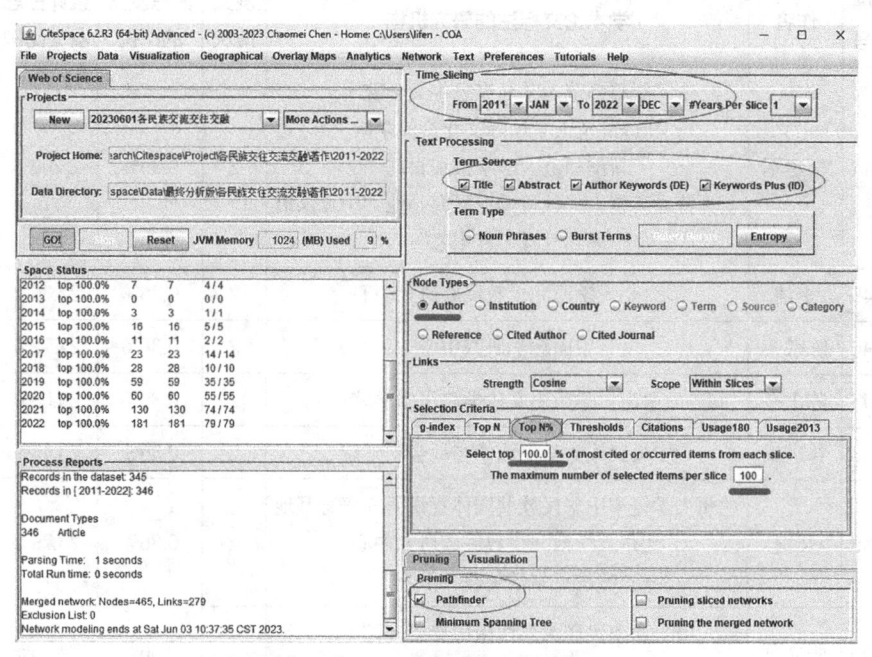

图 3-1 构建各民族交往交流交融研究领域发文作者
共现知识图谱的 CiteSpace 基本参数

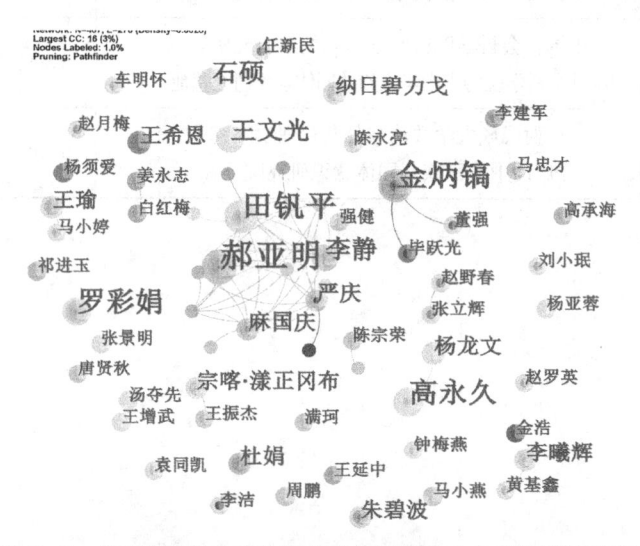

图 3-2 各民族交往交流交融研究领域的发文作者共现知识图谱

结合表3-1、图3-2和来源数据库可知：（1）从发文作者发表与各民族交往交流交融研究有关的学术文献的数量来看，贵州民族大学中华民族共同体研究院、贵州民族大学中华民族共同体研究基地、南开大学周恩来政府管理学院郝亚明教授是当前各民族交往交流交融研究领域发表学术文献最多的研究者（累计发文7篇次），这在一定程度上说明郝亚明教授对当前各民族交往交流交融研究领域的发展既做出了十分重要的贡献，又起到了非常重要的推动和支撑作用。因此未来相关研究者应多关注郝亚明教授关于各民族交往交流交融研究实践的最新成果，以便于更快地了解这些最新研究成果的内容，把握各民族交往交流交融研究领域的热点和前沿趋势，促使研究者紧跟各民族交往交流交融研究领域的最新研究步伐而产出更多高质量的学术成果。其次依次是中央民族大学中国特色民族理论研究基地、中国统一战线研究会民族宗教理论甘肃研究基地、中央民族大学中国民族理论与民族政策研究院、贵州民族大学金炳镐教授，西南民族大学法学院、湖北民族大学田钒平教授，南开大学民族事务研究中心、南开大学周恩来政府管理学院、南开大学-太和智库边疆发展研究中心高永久教授，广西民族大学民族学与社会学学院罗彩娟教授，四川大学中国藏学研究所、四川大学铸牢中华民族共同体意识研究基地石硕教授，教育部重点人文社会科学研究基地云南大学西南边疆少数民族研究中心、云南大学西南边疆少数民族研究中心王文光教授，兰州大学铸牢中华民族共同体意识研究培育基地、兰州大学西北少数民族研究中心李静教授，他们也为当前各民族交往交流交融研究领域的发展做出了不可忽视的重要贡献，其最新研究成果也是未来各民族交往交流交融研究领域及其相关研究领域的研究者应该多关注的对象。（2）依据普赖斯定律可知，当前各民族交往交流交融研究领域的高产发文作者的最低发文量为2篇次，即表3-1中所列的所有研究者均为当前各民族交往交流交融研究领域的高产发文作者，包括郝亚明（累计发文7篇次）、金炳镐（累计发文6篇次）、田钒平（累计发文6篇次）、高永久（累计发文5篇次）、罗彩娟（累计发文5篇次）、石硕（累计发文4篇次)、王文光(累计发文4篇次)、李静(累计发文4篇次)、麻国庆(累计发文3篇次)、纳日碧力戈(累计发文3篇次)、宗喀·漾正冈布(累计发文3篇次)、王瑜(累计发文3篇次)、王希恩(累计发文3篇次)、杨龙文(累计发文3篇次)、杜娟(累计发文3篇次)、李曦辉(累计发文3篇次)、朱碧波(累计发文3篇次)、严庆(累计发文3篇次)等54位研究者(占总发文作者的11.49%),这说明各民族交往交流交融研究领域的高产发文作者比较集中。另外,这些研究者发表的与各民族交往交流交融研究有关的学术文献的累计量为146篇次,占总发文量的25.58%(远远低于50%[①]),这在一定程度上说明当前各民族交往交流交融研究领域虽形成了以郝亚明、金炳镐、田钒平、高永久、罗彩娟、石硕、王文光、李静、麻国庆、纳日碧力戈、宗喀·漾正冈布、王瑜等54位研究者为代表的高产发文作者,但尚未形成核心发文作者群,这不利于该研究领域的纵向发展。因此未来应该在现有取得的成就基础上,进一步加大对各民族交往交流交融研究领域的投入,以在提高各民族交往交流交融研究领域的学术影响力的基础上吸引更多的相关研究者投入更多的精力对各民族交往交流交融研究领域展开纵深研究实践,以尽快形成一支具有高影响力的核心发文作者队伍,为各民族交往交流交融研究领域的核心发文作者群的最终形成打下坚实的基础。

  为更好地展现和厘清各民族交往交流交融研究领域学术论文的发文作者的具体合作情况,从CiteSpace导出NetDraw格式的数据,然后将导出的与各民族交往交流交融研究领域学术论文相关的发文作者合作信息数据导入NetDraw可视化软件中,构建各民族交往交流交融研究领域的发文作者合作共现知识图谱,运用"Delete isolates"功能和"Delete pendants"功能对生成的发文作者合作共现知识图谱进行两次处理后,得到本研究展现和分析所用的各民族交往交流交融研究领域的发文作者合作共现知识图谱,如图3-3所示。

---

① 李文以.《档案管理》1995—2005年核心作者群分析[J].档案管理,2006(04): 48-50.

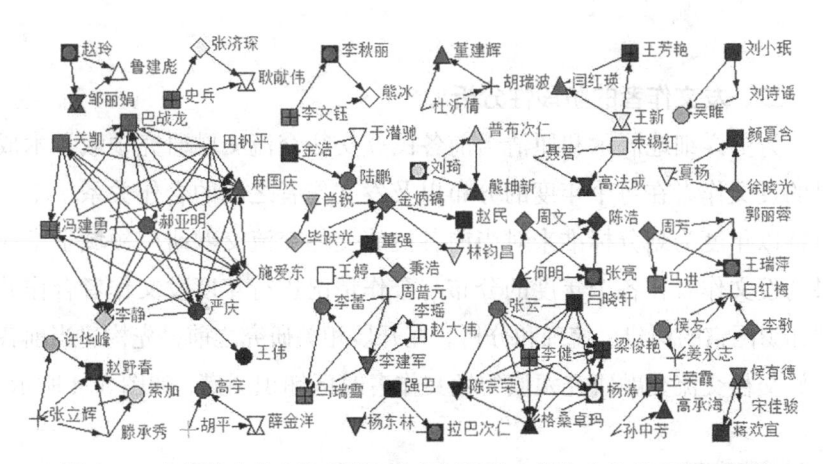

图 3-3　各民族交往交流交融研究领域的发文作者合作共现知识图谱

结合图 3-3 和来源数据库可知：（1）当前各民族交往交流交融研究领域虽然有大量合作发表的学术论文，但还是以独著为主，合著为辅。（2）当前各民族交往交流交融研究领域最大的合作团队是由赫亚明、麻国庆、严庆、田钒平、关凯、王伟、李静、冯建勇、巴战龙和施爱东 10 位研究者构建的合作团队，这个合作团队为当前各民族交往交流交融研究领域的合著占比贡献了非常大的力量。（3）当前各民族交往交流交融研究领域虽还是以独著为主，但是已经形成了以高永久、杨龙文构成的学术合作团队，以李曦辉、黄基鑫构成的学术合作团队，以赫亚明、麻国庆、严庆、田钒平、关凯、王伟、李静、冯建勇、巴战龙和施爱东构成的学术合作团队，以李健、张云、吕晓轩、梁俊艳、杨涛、格桑卓玛和陈宗荣构成的学术合作团队，以金炳镐、赵民、林钧昌、肖锐、毕跃光、董强、王婷、秉浩构成的学术合作团队等学术合作团队，并发表了大量与各民族交往交流交融研究有关的高质量学术论文。因此未来应该在现有广泛合作交流的基础上，进一步提升这些学术合作团队的内部和外部交流合作的深度和广度，以为各民族交往交流交融研究领域的高质量合著学术成果的产出提供坚实的基础，促使各民族交往交流交融研究领域更快地形成"以合著为主、独著为辅"的学术共同体。

二、发文作者的阶段性分析

为更详细地展示和厘清当前各民族交往交流交融研究领域学术成果的发文作者在每个年度的分布以及发文作者之间的合作关系，本小节特以年度为划分标准来对当前各民族交往交流交融研究领域学术成果的发文作者在各个年度的分布与合作情况进行年度发文作者合作共现知识图谱的构建、梳理和分析。在开展相关研究之前，先构建当前各民族交往交流交融研究领域的发文作者时区知识图谱，如图3-4所示。

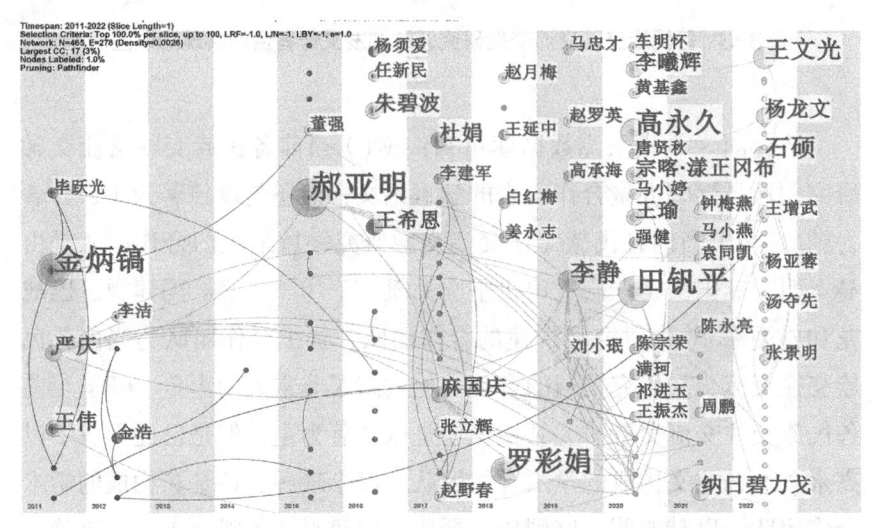

图3-4　各民族交往交流交融研究领域各年度发文作者的时区知识图谱

从图3-4中可以清楚地看出当前各民族交往交流交融研究领域各年度发文作者的具体分布。为进一步展示和梳理当前各民族交往交流交融研究领域发文作者在每个年度的具体分布和合作情况，下面将以年度为分割标准，对每个年度各民族交往交流交融研究领域的发文作者进行相关知识图谱的构建、梳理和分析。

（1）2011年各民族交往交流交融研究领域的发文作者知识图谱分析

按照图3-1对CiteSpace进行设置后，将时间区间（Time Slicing）

调整为 2011 年 1 月至 2011 年 12 月，然后点击软件界面的 "GO!" 按钮构建 2011 年各民族交往交流交融研究领域的发文作者知识图谱，如图 3-5 所示。为更好地展示和厘清 2011 年各民族交往交流交融研究领域的发文作者合作关系，从 CiteSpace 导出 NetDraw 格式的数据，然后将导出的与 2011 年该研究领域发文作者有关的合作信息数据导入 NetDraw 可视化软件中，构建 2011 年各民族交往交流交融研究领域的发文作者合作共现知识图谱，运用 "Delete isolates" 功能和 "Delete pendants" 功能对生成的发文作者合作共现知识图谱进行处理，从而得到本研究展现和分析所用的 2011 年各民族交往交流交融研究领域的发文作者合作共现知识图谱，如图 3-6 所示。

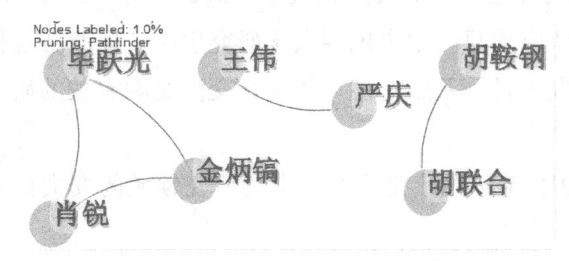

图 3-5　2011 年各民族交往交流交融研究领域的发文作者知识图谱

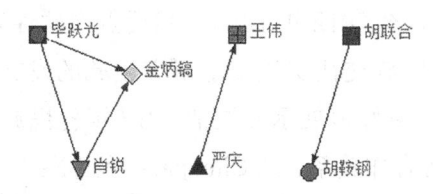

图 3-6　2011 年各民族交往交流交融研究领域的发文作者合作共现知识图谱

从图 3-5 可知，2011 年各民族交往交流交融研究领域的发文作者有 7 位，分别是清华大学胡鞍钢教授和胡联合特约研究员，中央民族大学硕士研究生导师严庆教授，中央民族大学硕士研究生王伟，中国民族政策研究会会长、中央民族大学资深教授金炳镐，中央民族大学肖锐硕士，中央民族大学毕跃光博士。

从图 3-6 可知，胡鞍钢与胡联合，严庆与王伟，金炳镐与肖锐、毕跃光之间存在合作关系。结合来源数据库可知，胡鞍钢与胡联合合作发表的文章是刊载于《新疆师范大学学报（哲学社会科学版）》第32卷第5期的《第二代民族政策：促进民族交融一体和繁荣一体》，严庆与王伟合作发表的文章是刊载于《西南民族大学学报（人文社会科学版）》第32卷第8期的《民族民间话语及其启示》，金炳镐与肖锐、毕跃光合作发表的文章是刊载于《新疆师范大学学报（哲学社会科学版）》第32卷第1期的《论民族交流交往交融》。

进一步从资助资金角度来看，2011年主要有国家社科基金课题（09BMZ027）、教育部人文社会科学重点研究基地2007年度重大项目立项课题（07JJD850210）、国家民委委托课题"民族团结进步创建理论与实践研究"、中央民族大学"211工程"三期民族理论与民族政策重点研究项目、中央民族大学研究生院"民族融合提法社会影响研究"研究项目等基金对各民族交往交流交融有关的研究实践进行了资助。

（2）2012年各民族交往交流交融研究领域的发文作者知识图谱分析

按照图3-1对CiteSpace进行设置后，将时间区间（Time Slicing）调整为2012年1月至2012年12月，然后点击软件界面的"GO!"按钮构建2012年各民族交往交流交融研究领域的发文作者知识图谱，如图3-7所示。为更好地展示和厘清2012年各民族交往交流交融研究领域的发文作者合作关系，从CiteSpace导出NetDraw格式的数据，然后将导出的与2012年该研究领域发文作者有关的合作信息数据导入NetDraw可视化软件中，构建2012年各民族交往交流交融研究领域的发文作者合作共现知识图谱，运用"Delete isolates"功能和"Delete pendants"功能对生成的发文作者合作共现知识图谱进行处理，从而得到本研究展现和分析所用的2012年各民族交往交流交融研究领域的发文作者合作共现知识图谱，如图3-8所示。

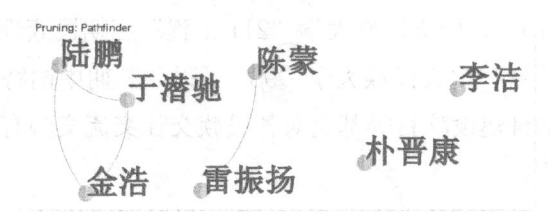

图 3-7　2012 年各民族交往交流交融研究领域的发文作者知识图谱

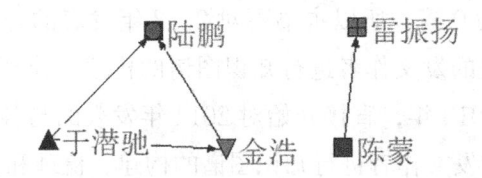

图 3-8　2012 年各民族交往交流交融研究领域的发文作者合作共现知识图谱

从图 3-7 可知，2012 年各民族交往交流交融研究领域的发文作者有 7 位，分别是中南民族大学博士研究生导师雷振扬教授，中南民族大学法学院硕士研究生陈蒙，延边大学朴晋康副教授，中共广西区委党校助教陆鹏，中央民族大学 2010 级博士研究生于潜驰，内蒙古民族大学兼职教授、中央民族大学博士研究生导师金浩教授，兰州大学西北少数民族研究中心李洁教授。

从图 3-8 可知，雷振扬和陈蒙，陆鹏和于潜驰、金浩之间存在合作关系。结合来源数据库可知，雷振扬和陈蒙合作发表的文章是刊载于《西南民族大学学报（人文社会科学版）》第 33 卷第 12 期的《论促进民族之间交往交流的前提与保障》，陆鹏和于潜驰、金浩合作发表的文章是刊载于《黑龙江民族丛刊》第 4 期的《民族融合：当前促进还是将来实现——民族理论前沿研究系列论文之四》。

进一步从资助资金角度来看，2012 年主要有国家社科基金课题（09BMZ027）、国家社科基金青年项目"当前新疆南疆地区民族关系问题及其对策研究"（10CMZ015）、教育部哲学社会科学研究重大课题攻关项目"坚持和完善中国特色的民族政策研究"（10JZD0031）、教育部人文社会科学重点研究基地 2007 年度重大项目立项课题

（07JJD850210）、中央民族大学"211 工程"三期民族理论与政策重点学科建设项目、中央民族大学"985 工程"三期中国特色民族理论与政策重点学科建设项目等基金对各民族交往交流交融有关的研究实践进行了资助。

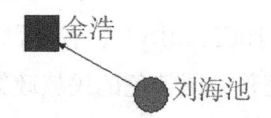

（3）2014 年各民族交往交流交融研究领域的发文作者知识图谱分析

因分析样本数据中 2013 年发表的与各民族交往交流交融研究有关的学术论文为 0 篇，所以本书不对 2013 年发表的与各民族交往交流交融研究有关的发文作者进行知识图谱的构建、梳理和分析。本节接下来就跳过 2013 年，直接开始对 2014 年发表的与各民族交往交流交融研究有关的发文作者进行知识图谱的构建、梳理和分析。

按照图 3-1 对 CiteSpace 进行设置后，将时间区间（Time Slicing）调整为 2014 年 1 月至 2014 年 12 月，然后点击软件界面的"GO!"按钮构建 2014 年各民族交往交流交融研究领域的发文作者知识图谱，如图 3-9 所示。为更好地展示和厘清 2014 年各民族交往交流交融研究领域的发文作者合作关系，从 CiteSpace 导出 NetDraw 格式的数据，然后将导出的与 2014 年该研究领域发文作者有关的合作信息数据导入 NetDraw 可视化软件中，构建 2014 年各民族交往交流交融研究领域的发文作者合作共现知识图谱，运用"Delete isolates"功能和"Delete pendants"功能对生成的发文作者合作共现知识图谱进行处理，从而得到本研究展现和分析所用的 2014 年各民族交往交流交融研究领域的发文作者合作共现知识图谱，如图 3-10 所示。

图 3-9　2014 年各民族交往交流交融研究领域的发文作者知识图谱

图 3-10　2014 年各民族交往交流交融研究领域的发文作者合作共现知识图谱

从图 3-9 可知，2014 年各民族交往交流交融研究领域的发文作者有 3 位，分别是内蒙古民族大学刘海池讲师，内蒙古民族大学特聘教授、中国统一战线研究会民族宗教理论甘肃研究基地研究员、中央民族大学中国民族理论与政策研究中心主任金浩教授，广西民族大学龚永辉教授。

从图 3-10 可知，刘海池和金浩之间存在合作关系。结合来源数据库可知，刘海池和金浩合作发表的文章是刊载于《黑龙江民族丛刊》第 6 期的《全面把握我国现阶段民族问题的特点和规律是牢牢把握民族工作正确方向的根本——学习习近平总书记关于民族方面重要论述系列论文之四》。

进一步从资助资金角度来看，2014 年主要有国家社科基金项目"大众文化与少数民族文化融合机制研究"（14XMZ033）、国家民委民族问题研究重点项目"中国特色解决民族问题的道路"（2013-GM-001）等基金对各民族交往交流交融有关的研究实践进行了资助。

（4）2015 年各民族交往交流交融研究领域的发文作者知识图谱分析

按照图 3-1 对 CiteSpace 进行设置后，将时间区间（Time Slicing）调整为 2015 年 1 月至 2015 年 12 月，然后点击软件界面的"GO!"按钮构建 2015 年各民族交往交流交融研究领域的发文作者知识图谱，如图 3-11 所示。为更好地展示和厘清 2015 年各民族交往交流交融研究领域的发文作者合作关系，从 CiteSpace 导出 NetDraw 格式的数据，然后将导出的与 2015 年该研究领域发文作者有关的合作信息数据导入 NetDraw 可视化软件中，构建 2015 年各民族交往交流交融研究领域的发文作者合作共现知识图谱，运用"Delete isolates"功能和"Delete pendants"功能对生成的发文作者合作共现知识图谱进行处理，从而得到本书展现和分析所用的 2015 年各民族交往交流交融研究领域的发文作者合作共现知识图谱，如图 3-12 所示。

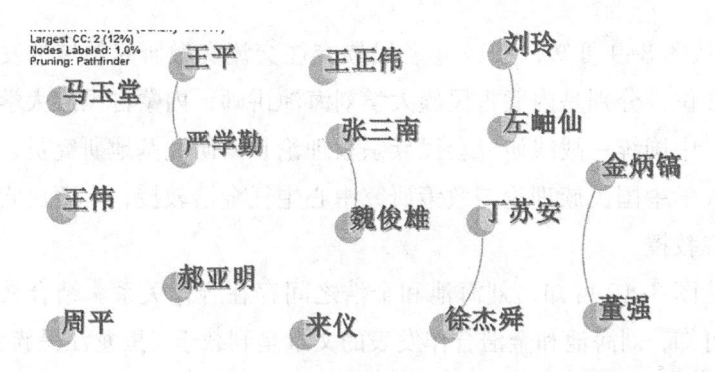

图 3-11　2015 年各民族交往交流交融研究领域的发文作者知识图谱

图 3-12　2015 年各民族交往交流交融研究领域的发文作者合作共现知识图谱

从图 3-11 可知，2015 年各民族交往交流交融研究领域的发文作者有 16 位，分别是广西民族大学博士研究生导师徐杰舜教授、泰国东方大学博士研究生丁苏安、中央民族大学王伟、燕山大学文法学院张三南教授、西华师范大学马克思主义学院魏俊雄教授、西南民族大学西南民族研究院博士研究生导师来仪教授、黑龙江省民族研究所助理研究员左岫仙、中国社会科学院民族学与人类学研究所助理研究员刘玲、贵州民族大学马克思主义学院硕士研究生导师董强教授、贵州民族大学博士研究生导师金炳镐教授、云南大学公共管理学院周平教授、新疆师范大学民族学与社会学学院王平教授、新疆师范大学民族学与社会学学院严学勤讲师、南开大学周恩来政府管理学院郝亚明教授等。

从图 3-12 可知，徐杰舜和丁苏安、董强和金炳镐、王平和严学勤、左岫仙和刘玲、张三南和魏俊雄之间存在合作关系。结合来源数据库可知，徐杰舜和丁苏安合作发表的文章是刊载于《广西民族研究》第 6 期的《大湄公河次区域合作民族基础论——兼论去中国中心主义》、董强和金炳镐合作发表的文章是刊载于《贵州民族研究》第36卷第8期的《加强和改进新形势下民族工作的思考》、王平和严学勤合作发表的文章是刊载于《新疆师范大学学报（哲学社会科学版）》第36卷第5期的《论民族互嵌与和谐民族关系的构建——以新疆塔城市的实证研究为例》等。

进一步从资助资金角度来看，2015年主要有国家社会科学基金青年项目"多民族国家建设视角下少数民族社会融合的理论与实践研究"（11CMZ001）、新疆社科基金重点项目"新疆城镇多民族互嵌式和谐社区建设研究"（14AMZ010）、新疆社科基金重点项目"丝绸之路经济带建设与新疆稳定研究"（14AZD053）、新疆文科重点基地"新疆少数民族现代化研究中心"项目（XJEDU040114B05）、新疆重点学科民族学资助项目（14XSQZ0102）、西南民族大学2015年博士授权一级学科建设项目（2015XWD-B0304）、中央高校基本科研业务费专项资金资助项目（NKZXB1486）等基金对各民族交往交流交融有关的研究实践进行了资助。

（5）2016年各民族交往交流交融研究领域的发文作者知识图谱分析

按照图3-1对CiteSpace进行设置后，将时间区间（Time Slicing）调整为2016年1月至2016年12月，然后点击软件界面的"GO!"按钮构建2016年各民族交往交流交融研究领域的发文作者知识图谱，如图3-13所示。为更好地展示和厘清2016年各民族交往交流交融研究领域的发文作者合作关系，从CiteSpace导出NetDraw格式的数据，然后将导出的与2016年该研究领域发文作者有关的合作信息数据导入NetDraw可视化软件中，构建2016年各民族交往交流交融研究领域的发文作者合作共现知识图谱，运用"Delete isolates"功能和"Delete pendants"功能对生成的发文作者合作共现知识图谱进行处理，从而得到本书展现和分析所用的2016年各民族交往交流交融研究领域的发文作者合作共现知识图谱，如图3-14所示。

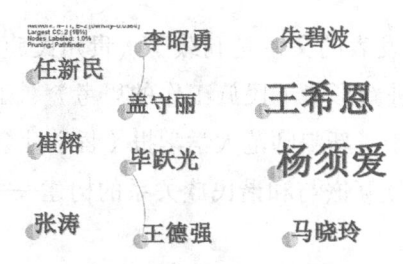

图 3-13　2016 年各民族交往交流交融研究领域的发文作者知识图谱

图 3-14　2016 年各民族交往交流交融研究领域的发文作者合作共现知识图谱

从图 3-13 可知，2016 年各民族交往交流交融研究领域的发文作者有 11 位，分别是西藏农牧学院宣传部张涛副教授、贵州民族大学马克思主义学院硕士研究生导师李昭勇副教授、中国扶贫开发发展中心副处长盖守丽、云南师范大学历史与行政学院朱碧波副教授、中国社会科学院博士研究生导师王希恩研究员、中南民族大学崔榕副教授、云南大学马克思主义学院博士研究生导师任新民教授、云南民族大学王德强教授、云南民族大学硕士研究生导师毕跃光副教授、西南民族大学马晓玲助理研究员、中共中央编译局博士后工作站杨须爱副研究员等。

从图 3-14 可知，李昭勇和盖守丽、王德强和毕跃光之间存在合作关系。结合来源数据库可知，李昭勇和盖守丽合作发表的文章是刊载于《黑龙江民族丛刊》第 6 期的《新常态下民族工作的重点目标：协调各民族和谐民族关系——习近平民族工作思想研究系列论文之十一》、王德强和毕跃光合作发表的文章是刊载于《中央民族大学学报（哲学社会科学版）》第 43 卷第 2 期的《中国特色解决民族问题道路的内涵与特征》。

进一步从资助资金角度来看，2016 年主要有国家社会科学基金青年项目"当代中国族际政治整合的理论与实践研究"（14CZZ010）、国家社科基金重点项目"云南藏区新型城镇化进程中族际交往的实证研究"（14AMZ003）、国家社会科学基金重大项目"中华优秀传统文化传承体系研究"（GSZ12001）、国家社会科学基金一般项目"少数民族乡村'文化网络'与社会管理创新研究"（GSY13013）、国家民族事务委员会民族问题研究项目"民族互惠：中国民族理论体系的拾遗与补正"（2016GMD002）、国家民委民族问题研究2015年项目"习近平民族工作思想研究"（2015-GM-173）、中央编译局社会科学基金一般项目"马克思恩格斯民族理论经典文献在中国的传播历史及研究"（14B03）、西藏自治区教育厅2016年西藏高校思想政治理论课团队建设支持计划、云南民族大学民族团结进步理论与实践协同创新中心项目（16YMDXT018、16YMDXT019）、国家社会科学基金项目"马克思主义经典作家民族理论文献在中国传播的考据研究"（15BKS003）、中国博士后科学基金第58批面上资助项目（2015M581139）等基金对各民族交往交流交融有关的研究实践进行了资助。

（6）2017年各民族交往交流交融研究领域的发文作者知识图谱分析

按照图3-1对CiteSpace进行设置后，将时间区间（Time Slicing）调整为2017年1月至2017年12月，然后点击软件界面的"GO!"按钮构建2017年各民族交往交流交融研究领域的发文作者知识图谱，如图3-15所示。为更好地展示和厘清2017年各民族交往交流交融研究领域的发文作者合作关系，从CiteSpace导出NetDraw格式的数据，然后将导出的与2017年该研究领域发文作者有关的合作信息数据导入NetDraw可视化软件中，构建2017年各民族交往交流交融研究领域的发文作者合作共现知识图谱，运用"Delete isolates"功能和"Delete pendants"功能对生成的发文作者合作共现知识图谱进行处理，从而得到本书展现和分析所用的2017年各民族交往交流交融研究领域的发文作者合作共现知识图谱，如图3-16所示。

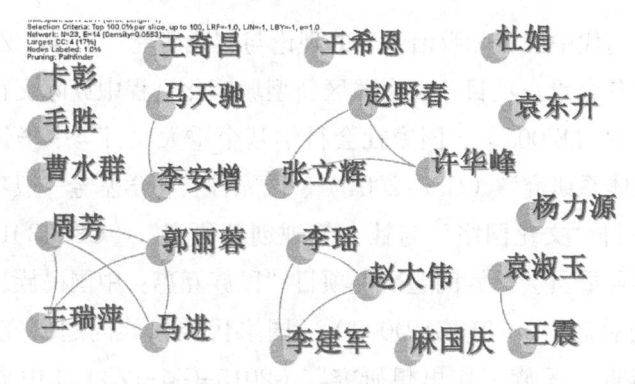

图 3-15 2017 年各民族交往交流交融研究领域的发文作者知识图谱

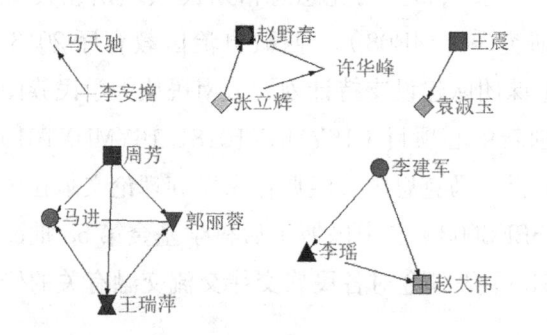

图 3-16 2017 年各民族交往交流交融研究领域的发文作者合作共现知识图谱

从图 3-15 可知，2017 年各民族交往交流交融研究领域的发文作者有 23 位，分别是西南民族大学管理学院硕士研究生导师张立辉研究员，武警警官学院赵野春教授，西南民族大学党委宣传部许华峰讲师，石河子大学政法学院袁淑玉副教授，贵阳学院民族学人类学研究所所长、硕士研究生导师袁东升副教授，中国社会科学院民族学与人类学研究所博士研究生导师王希恩研究员，曲阜师范大学马克思主义学院院长李安增教授，甘肃政法学院马克思主义学院马进教授，甘肃政法学院马克思主义学院王瑞萍副教授，甘肃政法学院郭丽蓉副教授，甘肃政法学院马克思主义学院周芳讲师，中央民族大学博士研究生导师麻国庆教授，新疆师范大学学报编辑部、新疆师范大学国际文化交流学院李建军教授，中南民族大学离退休工作处卡彭教授等。

从图 3-16 可知，袁淑玉和王震，马天驰和李安增，马进和王瑞萍、郭丽蓉、周芳，李建军和赵大伟、李瑶，张立辉和赵野春、许华峰之间存在合作关系。结合来源数据库可知，袁淑玉和王震合作发表的文章是刊载于《人民论坛》第 13 期的《民族交往交流交融的一着好棋——为什么要建设民族互嵌式社区》，马天驰和李安增合作发表的文章是刊载于《科学社会主义》第 1 期的《中国特色社会主义民族理论的新发展——学习习近平关于民族问题的重要论述》，马进和王瑞萍、郭丽蓉、周芳合作发表的文章是刊载于《黑龙江民族丛刊》第 1 期的《我国是一个统一的多民族国家基本国情教育刻不容缓——甘肃省大学生国情掌握情况调研报告》，李建军和赵大伟、李瑶合作发表的文章是刊载于《新疆社会科学》第 5 期的《新疆文化现代化的基本内涵、走向和实现路径》，张立辉和赵野春、许华峰合作发表的文章是刊载于《黑龙江民族丛刊》第 5 期的《网络空间各民族交往交流交融新途径的思考》。

进一步从资助资金角度来看，2017 年主要有国家民委 2015 年民族问题研究项目"网络空间各民族交往交流交融新途径研究"（2015-GM-040）、甘肃政法学院校级科研资助重大项目"甘肃省民族团结进步事业重要问题研究"（2016XZD10）、国家社科基金 2013 年度项目"网络社会与构建社会主义新型民族关系研究"（13BMZ006）、国家社科基金西部项目"新疆少数民族传统文化的现代化问题研究"（11XSH014）、新疆高校人文社科重点研究基地"中亚汉语国际教育研究中心"重大招标项目"吉尔吉斯斯坦、塔吉克斯坦孔子学院情感传播研究"（XJEDU040716A01）、2016 年中宣部文化名家暨"四个一批"人才工程项目"区域共同文化与中华民族文化认同"、西南民族大学 2017 年学位点建设项目（2017XWD-S1204）、2015 年度广西南岭走廊族群文化研究基地开放基金课题"族群互动视域下南岭走廊文化生态失衡研究"（2015KF02）等基金对各民族交往交流交融有关的研究实践进行了资助。

（7）2018 年各民族交往交流交融研究领域的发文作者知识图谱

分析

按照图 3-1 对 CiteSpace 进行设置后，将时间区间（Time Slicing）调整为 2018 年 1 月至 2018 年 12 月，然后点击软件界面的"GO!"按钮构建 2018 年各民族交往交流交融研究领域的发文作者知识图谱，如图 3-17 所示。为更好地展示和厘清 2018 年各民族交往交流交融研究领域的发文作者合作关系，从 CiteSpace 导出 NetDraw 格式的数据，然后将导出的与 2018 年该研究领域发文作者有关的合作信息数据导入 NetDraw 可视化软件中，构建 2018 年各民族交往交流交融研究领域的发文作者合作共现知识图谱，运用"Delete isolates"功能和"Delete pendants"功能对生成的发文作者合作共现知识图谱进行处理，从而得到本书展现和分析所用的 2018 年各民族交往交流交融研究领域的发文作者合作共现知识图谱，如图 3-18 所示。

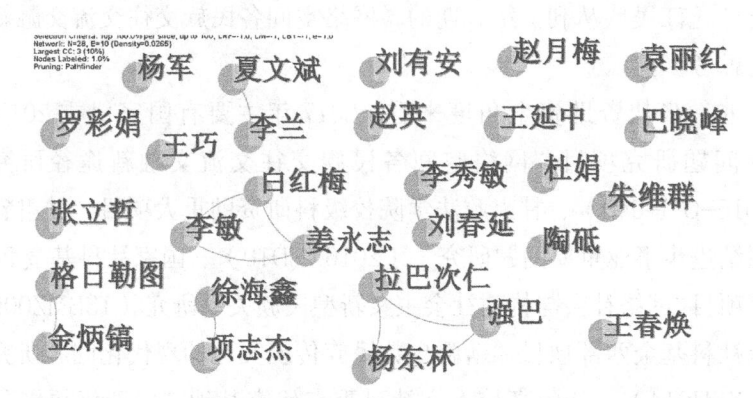

图 3-17　2018 年各民族交往交流交融研究领域的发文作者知识图谱

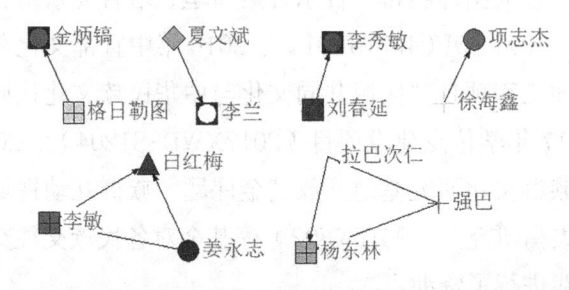

图 3-18　2018 年各民族交往交流交融研究领域的发文作者合作共现知识图谱

从图3-17可知，2018年各民族交往交流交融研究领域的发文作者有28位，分别是河南财经政法大学马克思主义学院巴晓峰讲师，中国社会科学院民族学与人类学研究所杜娟助理研究员，内蒙古民族大学格日勒图副研究员，中央民族大学中国民族理论与民族政策研究院金炳镐教授，内蒙古民族大学教育科学学院姜永志讲师，内蒙古民族大学教育科学学院白红梅教授，内蒙古民族大学教育科学学院李敏副教授，西藏大学经济与管理学院拉巴次仁讲师，中国社会科学院民族学与人类学研究所所长王延中研究员，四川大学经济学院徐海鑫副教授，广西师范学院学报杨军副研究员，广西民族研究中心袁丽红研究员，中国社会科学院民族学与人类学研究所世界民族研究室助理研究员赵月梅，中共青海省委党校民族宗教学教研部赵英副教授等。

从图3-18可知，格日勒图和金炳镐，姜永志和白红梅、李敏，拉巴次仁和杨东林、强巴，李秀敏和刘春延，夏文斌和李兰，徐海鑫和项志杰之间存在合作关系。结合来源数据库可知，格日勒图和金炳镐合作发表的文章是刊载于《云南民族大学学报（哲学社会科学版）》第35卷第1期的《党的十九大精神与新时代民族工作》，姜永志和白红梅、李敏合作发表的文章是刊载于《西南民族大学学报（人文社会科学版）》第39卷第7期的《民族交往交流交融的社会心理促进机制及实现路径——基于社会心理学的视角》，拉巴次仁和杨东林、强巴合作发表的文章是刊载于《西藏大学学报（社会科学版）》第33卷第2期的《藏族爱国主义思想史初探》，李秀敏和刘春延合作发表的文章是刊载于《江苏大学学报（社会科学版）》第20卷第2期的《中华民族共同体意识的形成与培育》，夏文斌和李兰合作发表的文章是刊载于《中国高等教育》第12期的《学习研究践行习近平新时代治疆方略》，徐海鑫和项志杰合作发表的文章是刊载于《青海社会科学》第3期的《旅游对民族杂居地区经济发展与民族交往交流交融的影响研究——以四川省阿坝藏族羌族自治州为例》。

进一步从资助资金角度来看，2018年主要有国家社会科学基金青年项目"西部地区新型城镇化进程中的少数民族流动人口问题研究"

（14CMZ028）、国家民委民族问题研究 2017 年项目"民族团结进步理论渊源和中国特色研究"（2017-GME-025）、2017 年度西藏自治区哲学社会科学专项资金项目"西藏传统文化中的爱国主义思想研究"（17BSH001）、国家民委人文社会科学重点研究基地招标课题"文化交融与社会和谐视域下民族地区学校多元文化教育创新研究"（JYJD201616）、国家社科基金西部项目"南岭走廊的民族交往与构建和谐民族关系研究"（14XMZ045）、云南民族大学民族团结进步理论与实践协同创新中心项目"云南民族团结进步的理论与实践研究"（16YMDXT018；16YMDXT019）、中央民族大学十九大精神研究专项课题"中华民族共同体意识研究"、国家哲学社会科学重大项目"习近平总书记治疆方略与新疆长治久安研究"（15ZDA005）、国家民委民族研究一般项目"广西民族区域自治 60 年历史经验研究"（2017-GMB-007）、宁夏哲学社会科学规划项目"伊斯兰人类学与回族学学科建设"（16NXBZJ01）、教育部高校示范马克思主义学院和优秀教学科研团队建设项目（16JDSZK082）等基金对各民族交往交流交融有关的研究实践进行了资助。

（8）2019 年各民族交往交流交融研究领域的发文作者知识图谱分析

按照图 3-1 对 CiteSpace 进行设置后，将时间区间（Time Slicing）调整为 2019 年 1 月至 2019 年 12 月，然后点击软件界面的"GO!"按钮构建 2019 年各民族交往交流交融研究领域的发文作者知识图谱，如图 3-19 所示。为更好地展示和厘清 2019 年各民族交往交流交融研究领域的发文作者合作关系，从 CiteSpace 导出 NetDraw 格式的数据，然后将导出的与 2019 年该研究领域发文作者有关的合作信息数据导入 NetDraw 可视化软件中，构建 2019 年各民族交往交流交融研究领域的发文作者合作共现知识图谱，运用"Delete isolates"功能和"Delete pendants"功能对生成的发文作者合作共现知识图谱进行处理，从而得到本书展现和分析所用的 2019 年各民族交往交流交融研究领域的发文作者合作共现知识图谱，如图 3-20 所示。

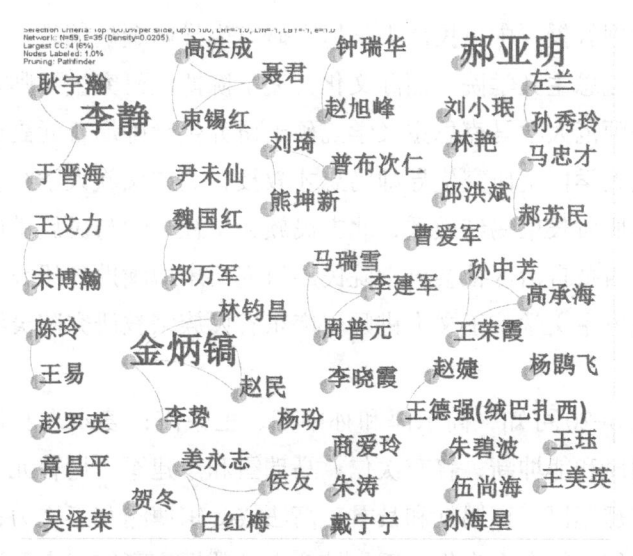

图 3-19　2019 年各民族交往交流交融研究领域的发文作者知识图谱

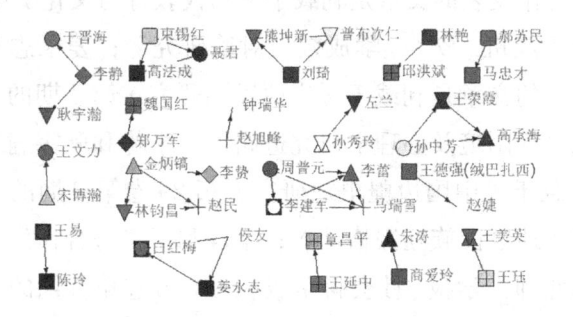

图 3-20　2019 年各民族交往交流交融研究领域的发文作者合作共现知识图谱

从图 3-19 可知，2019 年各民族交往交流交融研究领域的发文作者有 57 位，分别是西北师范大学西北少数民族教育发展研究中心硕士研究生导师高承海副教授，南开大学周恩来政府管理学院郝亚明教授，宜春学院政法学院贺冬讲师，内蒙古民族大学教育科学学院民族教育研究所硕士研究生导师姜永志副教授，内蒙古师范大学心理学院硕士研究生导师侯友副教授，内蒙古民族大学教育科学学院硕士研究生导师白红梅教授，兰州大学西北少数民族研究中心博士研究生导师李静教授，新疆社会科学院民族研究所李晓霞研究员，北京政法职业学院李赟副教授，中央民族大学博士研究生导师金炳镐教授，新疆师范大学马克思主义学院、国际文化交流学院博士研究生导师李建军教授，新疆师范大学马克思主义学院硕士研究生导师周普元副研究员，西北民族大学博士研究生导师马忠才教授，北方民族大学社会学与民族学研究所所长束锡红教授，北方民族大学社会学与民族学研究所聂君讲师，西藏自治区社会科学院民族研究所宋博瀚助理研究员，西藏大学马克思主义学院王文力讲师，广东省民族宗教研究院吴泽荣副研究员等。

从图3-20可知，高承海和孙中芳、王荣霞；姜永志和侯友、白红梅；刘琦和熊坤新、普布次仁；马瑞雪和李建军、周普元、李蕾；马忠才和郝苏民；束锡红和聂君、高法成；宋博瀚和王文力；王延中和章昌平等之间存在合作关系。结合来源数据库可知，高承海和孙中芳、王荣霞合作发表的文章是刊载于《当代教育与文化》第11卷第5期的《内地民族班（校）办学成效与对策研究》；姜永志和侯友、白红梅合作发表的文章是刊载于《广西民族研究》第3期的《中华民族共同体意识培育困境及心理学研究进路》；李静和耿宇瀚等合作发表的文章是刊载于《中国边疆史地研究》第29卷第3期的《明朝治边策略下的洮州地区民族互嵌格局》；李静和于晋海合作发表的文章是刊载于《西北师大学报（社会科学版）》第56卷第3期的《民族交往交流交融及其心理机制研究》；李赟和金炳镐合作发表的文章是刊载于《中国边疆史地研究》第29卷第3期的《新时代促进我国民族团结进步事业基本途径的探索》；刘琦和熊坤新、普布次仁合作发表的文章是刊载于《西藏大学学报（社会科学版）》第34卷第2期的《关于西藏民族交往交流交融的若干问题研究》；马瑞雪和李建军、周普元、李蕾合作发表的文章是刊载于《新疆师范大学学报（哲学社会科学版）》第40卷第2期的《论民族交往交流交融》；马忠才和郝苏民合作发表的文章是刊载于《西北民族研究》第4期的《少数民族流动人口的居留与落户意愿及其影响因素研究》；束锡红和聂君、高法成合作发表的文章是刊载于《民族学刊》第10卷第1期的《汉藏民族和谐关系与社会稳定——基于青海省海北州海晏县的实证研究》；宋博瀚和王文力合作发表的文章是刊载于《西藏研究》第 6 期的《西藏旅游文化与民族交往交流交融探讨》；王延中和章昌平合作发表的文章是刊载于《中央民族大学学报（哲学社会科学版）》第 46 卷第 5 期的《新时代民族工作与民族交往交流交融》；等等。

进一步从资助资金角度来看，2019 年主要有中国博士后科学基金项目（201843XB3820XB）、2019 年度国家民委民族问题研究青年项目、教育部人文社会科学重点研究基地重大项目（15JJDZONGHE019）、国家社会科学基金项目"铸牢中华民族共同体意识视角下的各民族交往交流交融研究"（18BMZ007）、国家社科基金重点项目"甘肃藏区民族交往交流交融历史、现状及其机制研究"（16AZD040）、国家社科基金 2018 年度后期资助项目"新时代民族理论与政策研究"（18FMZ001）、国家社会科学基金重点项目"边疆治理视野下中国共产党治藏方略研究"阶段性成果（17AMZ001）、2019 年度西藏自治区社会科学院一般项目"坚持维护祖国统一加强民族团结这个着眼点和着力点"（19DZHMZ15）、重大项目"坚持增强五个认同，铸牢中华民族共同体意识研究"（19ADCMZ11）、国家社科基金西部项目"西北民族自治地方民族关系研究"（16XMZ001）、国家民委西北少数民族社会发展研究基地研究项目"和谐民族关系构建研究"（XJ-201801）、国家社会科学基金特别委托项目"21 世纪初中国少数民族地区经济社会发展综合调查"（13@ZH001）、国家社会科学基金项目"临夏州稳定脱贫内生动力的培育路径与社会工作介入机制研究"（19BMZ118）、中央高校重大培育项目"西北偏远民族地区基础教育均衡发展与教育扶贫推进战略研究"（31920170110）、国家社科基金西部项目（18XZJ016）、"研究阐释党的十九大精神教育部人文社会科学研究专项任务项目"（18JF146）、新疆高校科研计划人文社科智库项目"孔子学院情感传播研究"（XJEDU2017Z005）、国家民委民族问题研究 2019 年重点项目"中国共产党近 100 年民族工作的成就与经验研究"（2019-GMA-002）等基金对各民族交往交流交融有关的研究实践进行了资助。

（9）2020年各民族交往交流交融研究领域的发文作者知识图谱分析

按照图3-1对CiteSpace进行设置后，将时间区间（Time Slicing）调整为2020年1月至2020年12月，然后点击软件界面的"GO!"按钮构建2020年各民族交往交流交融研究领域的发文作者知识图谱，如图3-21所示。为更好地展示和厘清2020年各民族交往交流交融研究领域的发文作者合作关系，从CiteSpace导出NetDraw格式的数据，然后将导出的与2020年该研究领域发文作者有关的合作信息数据导

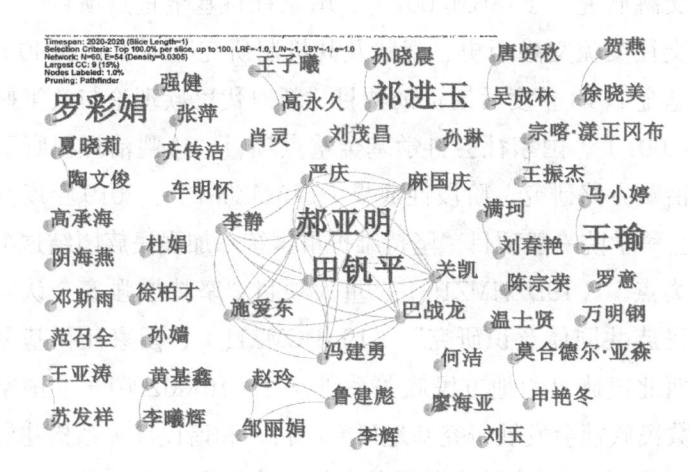

图3-21 2020年各民族交往交流交融研究领域的发文作者知识图谱

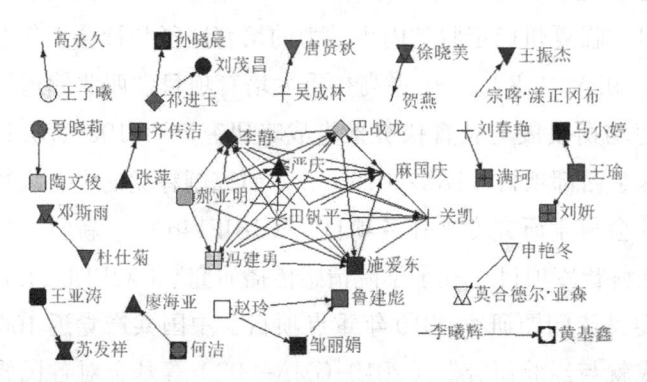

图3-22 2020年各民族交往交流交融研究领域的发文作者合作共现知识图谱

入 NetDraw 可视化软件中，构建 2020 年各民族交往交流交融研究领域的发文作者合作共现知识图谱，运用 "Delete isolates" 功能和 "Delete pendants" 功能对生成的发文作者合作共现知识图谱进行处理，从而得到本书展现和分析所用的 2020 年各民族交往交流交融研究领域的发文作者合作共现知识图谱，如图 3-22 所示。

从图 3-21 可知，2020 年各民族交往交流交融研究领域的发文作者有 57 位，分别是云南民族大学马克思主义学院硕士研究生导师邹丽娟副教授，中共云南省委党校民族与文化教研部硕士研究生导师赵玲教授，云南民族大学马克思主义学院硕士研究生导师鲁建彪教授，宁夏职业技术学院张萍副研究员，西南民族大学西南民族研究院肖灵讲师，华南师范大学旅游管理学院硕士研究生导师温士贤副教授，兰州大学历史文化学院民族学与藏学专业博士研究生导师宗喀·漾正冈布教授，南宁师范大学教育科学学院王瑜副教授，西南民族大学法学院田钒平教授，盐城工学院人文学院陶文俊副教授，广东第二师范学院马克思主义学院夏晓莉讲师，广西民族大学唐贤秋教授，广西民族大学吴成林副教授，中国社会科学院民族学与人类学研究所铸牢中华民族共同体意识研究基地孙嫱副研究员，上海师范大学教育学院孙琳副教授，中央民族大学藏学院院长兼期刊社社长苏发祥教授，新疆师范大学美术学院申艳冬讲师，新疆师范大学美术学院博士研究生导师莫合德尔·亚森教授，西北民族大学民族学与社会学学院博士研究生导师满珂教授，中央民族大学民族学与社会学学院博士研究生导师麻国庆教授，云南大学民族学与社会学学院博士研究生导师关凯教授，中国社会科学院文学研究所博士研究生导师施爱东研究员，中央民族大学中国民族理论与民族政策研究院博士研究生导师严庆教授，浙江师范大学边疆研究院博士研究生导师冯建勇教授，南开大学周恩来政府管理学院博士研究生导师郝亚明教授，兰州大学铸牢中华民族共同体意识研究培育基地首席专家、博士研究生导师李静教授，北京师范大学社会学院巴战龙副教授，河西学院体育学院、丝绸之路经济带河西走廊智库刘茂昌副教授，中央民族大学民族学与社会学学院博士研究生导师祁进玉教授，四川省社会科学院民族与宗教研究所廖海亚副研究员，四川省社会科学院康藏研究中心何洁副研究员，西北师范大学西北少数民族教育发展研究中心高承海副教授，西藏自治区社会科学院车明怀研究员等。

从图 3-22 可知，张萍和齐传洁，邹丽娟和赵玲、鲁建彪，徐晓美和贺燕，王振杰和宗喀·漾正冈布，王瑜和马小婷，陶文俊和夏晓莉，唐贤秋和吴成林，苏发祥和王亚涛，申艳冬和莫合德尔·亚森，祁进玉和孙晓晨，满珂和刘春艳，刘茂昌和祁进玉，廖海亚和何洁等之间存在合作关系。结合来源数据库可知，张萍和齐传洁合作发表的文章是刊载于《贵州民族研究》第 41 卷第 5 期的《十年来各民族交往交流交融研究综述》，邹丽娟和赵玲、鲁建彪合作发表的文章是刊载于《云南行政学院学报》第 22 卷第 6 期的《新时代涉藏地区铸牢中华民族共同体意识的实践——以云南省迪庆藏族自治州为例》，徐晓美和贺燕合作发表的文章是刊载于《贵州民族研究》第 41 卷第 4 期的《论新时代开展民族工作的根本遵循——以习近平民族工作系列论述为考察点》，王振杰和宗喀·漾正冈布合作发表的文章是刊载于《西北农林科技大学学报（社会科学版）》第 20 卷第 3 期的《文化交融视域下的乡村文化变迁与振兴——基于青海民和县杏儿乡 7 个村的探析》，王瑜和马小婷合作发表的文章是刊载于《广西民族研究》第 5 期的《论加强各民族交往交流交融的内涵辨析、理论释析与教育路径探析》，陶文俊和夏晓莉合作发表的文章是刊载于《民族教育研究》第 31 卷第 3 期的《交往交流交融视域下内地班少数民族学生的社会心态研究——以江苏省 Y 市内高班为例》，唐贤秋和吴成林合作发表的文章是刊载于《中南民族大学学报（人文社会科学版）》第 40 卷第 5 期的《民族信任的内涵、特征与实现路径》，苏发祥和王亚涛合作发表的文章是刊载于《中国藏学》第 2 期的《论甘肃藏区各民族间交往交流交融的现状及其特点》，申艳冬和莫合德尔·亚森合作发表的文章是刊载于《新疆师范大学学报（哲学社会科学版）》第 6 期的《论中原文化对新疆地区建筑的影响》，祁进玉和孙晓晨合作发表的文章是刊载于《北方民族大学学报（哲学社会科学版）》第6期的《取名方式变迁与多民族文化交融——以20世纪上半叶鄂伦春族为例》，满珂和刘春艳合作发表的文章是刊载于《云南民族大学学报（哲学社会科学版）》第37卷第6期的《民族文化交融的原因、途径探析——基于甘肃省临潭县的调查研究》，刘茂昌和祁进玉合作发表的文章是刊载于《湖北民族大学学报（哲学社会科学版）》第38卷第1期的《身体语言表达、族群记忆DNA与族际文化互惠——赛罕塔拉裕固族"赛马"的意义》，廖海亚和何洁合作发表的文章是刊载于《中国藏学》第2期的《新时期四川藏区民族交往交流交融的路径与经验探析》等。

进一步从资助资金角度来看，2020年主要有国家社会科学基金项目"新时代边疆民族地区铸牢中华民族共同体意识面临的问题与对策研究"（18BKS121）、全国教育科学"十三五"规划2016年度教育部重点课题"高校少数民族学生政治认同教育研究"（DLA160295）、国家社会科学基金重大项目"我国民族团结与民族关系的理论与实践研究"（16ZDA150）、国家社科基金一般项目"东部城市民族互嵌社区生成机制与社会治理研究"（17BMZ062）、国家社会科学基金重大项目（15ZDB116）、国家民委民族问题研究青年项目"中华民族共同体意识的社会心理机制研究"（2019-GMC-002）、国家社科基金课题"长江上游民族地区生态移民综合调查研究"（17XMZ036）、国家社科基金专项研究项目"历史经验与铸牢中华民族共同体意识——中华民族共同体的形成和发展研究"（20VMZ001）、广西铸牢中华民族共同体意识研究院开放性课题重点项目"铸牢中华民族共同体意识的信任纽带研究"（2020GXMGY0202）、国家社科基金重大项目"'一带一路'沿线各国民族志研究及数据库建设"（17ZDA155）、国家社会科学基金一般项目"西北民族走廊上的文化交融与族群关系研究"（13BMZ049）、国家民委中青年英才计划（［2014］121号）、国家民委民族问题研究优秀中青年专家项目"民族交往交流交融与中华民族多元一体研究：以民族院校为个案"（2019-GME-061）、国家社科基金西部项目"裕固族民间传统体育文化研究"（16XTY008）、新疆社科基金项目"新疆少数民族建筑柱式文化形态研究"（17BSH045）、新疆民族民间研究中心课题"新疆王府建筑'柱饰'形制研究"（XJNURWJD2019B14）、新疆师范大学博士研究生科研创新基金项目"新疆民居文化适应现代化策略研究"（XJ107621806）、新疆维吾尔自治区研究生科研创新项目"跨文化视域下的新中国留苏油画家群体研究"（XJ2020G221）、教育部人文社会科学重点研究基地重大项目"中国西部民族地区宗教舆情与监测研究"（16JJD850018）、云南民族大学民族团结进步理论与实践协同创新中心资助项目（60335004）、国家社科基金一般项目"西南边境民族地区农村贫困家庭子女贫困再生产的发生归因及其干预研究"（17BSH070）、国家社会科学基金一般项目"大数据背景下华东地区新疆籍少数民族群众社会心态研究"（18BMZ110）、2017年江苏盐城市"515"领军人才项目"江苏对口支援背景下的新疆少数民族社会心态研究"等基金对各民族交往交流交融有关的研究实践进行了资助。

（10）2021年各民族交往交流交融研究领域的发文作者知识图谱分析

按照图3-1对CiteSpace进行设置后，将时间区间（Time Slicing）调整为2021年1月至2021年12月，然后点击软件界面的"GO!"按钮构建2021年各民族交往交流交融研究领域的发文作者知识图谱，如图3-23所示。为更好地展示和厘清2021年各民族交往交流交融研究领域的发文作者合作关系，从CiteSpace导出NetDraw格式的数据，然后将导出的与2021年该研究领域发文作者有关的合作信息数据导入NetDraw可视化软件中，构建2021年各民族交往交流交融研究领域的发文作者合作共现知识图谱，运用"Delete isolates"功能和"Delete pendants"功能对生成的发文作者合作共现知识图谱进行处理，从而得到本书展现和分析所用的2021年各民族交往交流交融研究领域的发文作者合作共现知识图谱，如图3-24所示。

第三章 各民族交往交流交融研究的力量分析

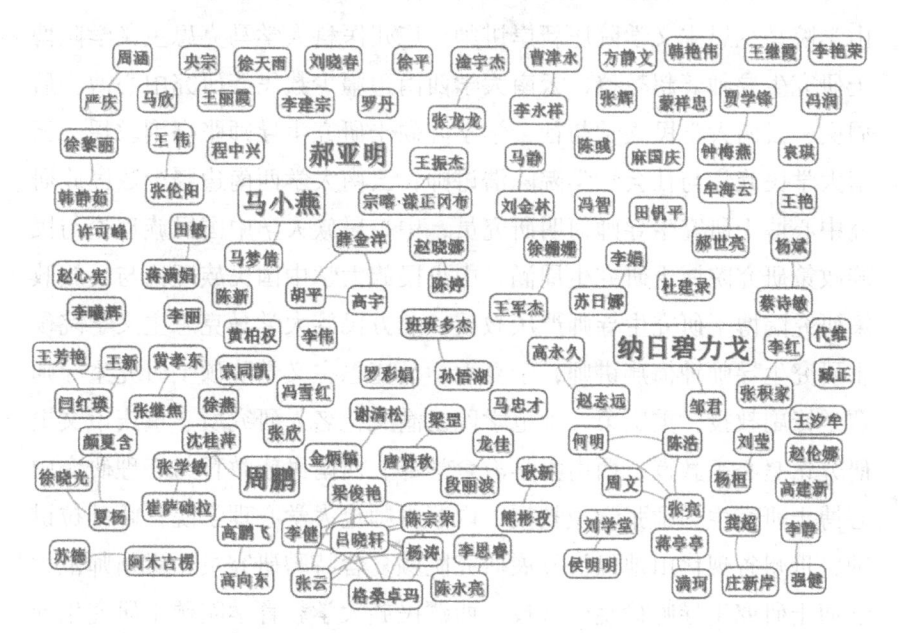

图 3-23 2021 年各民族交往交流交融研究领域的发文作者知识图谱

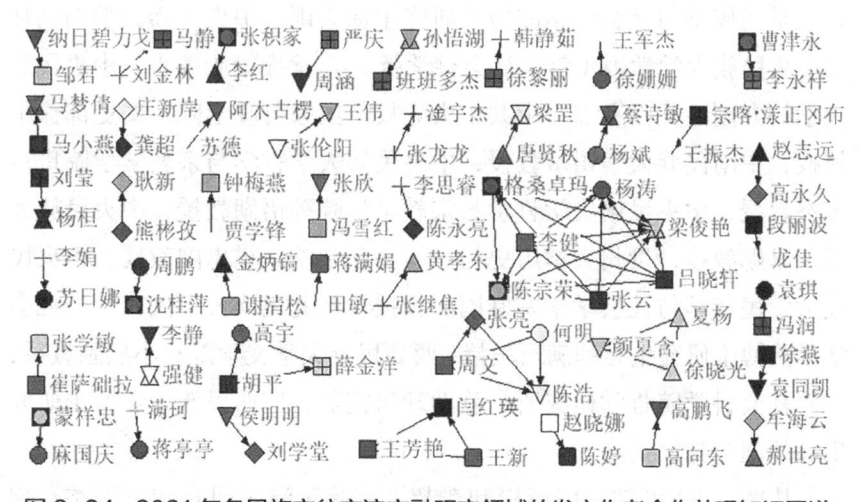

图 3-24 2021 年各民族交往交流交融研究领域的发文作者合作共现知识图谱

073

从图 3-23 可知，2021 年各民族交往交流交融研究领域的发文作者有 130 位，分别是兰州大学宗喀·漾正冈布教授，电子科技大学中山学院马克思主义学院庄新岸讲师，广州医科大学马克思主义学院博士研究生导师龚超教授，云南大学西南边疆少数民族研究中心博士后周文，云南大学民族学与社会学学院硕士研究生导师张亮副教授，云南大学民族学与社会学学院陈浩讲师，云南大学西南边疆少数民族研究中心博士研究生导师何明研究员，中央民族大学中国民族理论与民族政策研究院博士研究生周涵，中央民族大学中国民族理论与民族政策研究院博士研究生导师严庆教授，北方民族大学马克思主义学院硕士研究生导师钟梅燕讲师，宁夏大学马克思主义学院硕士研究生导师贾学锋副教授，重庆第二师范学院巴渝文化名人研究所、重庆市文史研究馆赵心宪教授，西南大学教育学部、西南民族教育与心理研究中心博士研究生导师张学敏教授，内蒙古师范大学心理学院崔萨础拉讲师，贵州省现代山地经济发展研究院颜夏含特聘研究员，贵州师范大学博士研究生导师徐晓光教授，西藏民族大学教育学院硕士研究生导师许可峰教授，兰州大学西北少数民族研究中心、历史文化学院博士研究生徐燕，南开大学社会学系博士研究生导师袁同凯教授，中央民族大学民族学与社会学学院博士研究生徐天雨，中央民族大学期刊社《中央民族大学学报（哲学社会科学版）》徐姗姗副编审，中央民族大学校办副主任王军杰，中共中央党校（国家行政学院）文史部徐平教授，中南民族大学田敏教授，中央民族大学哲学与宗教学学院班班多杰教授，中央民族大学哲学与宗教学学院孙悟湖教授，中央民族大学苏日娜教授，贵州大学历史与民族文化学院蒙祥忠副教授，中央民族大学民族学与社会学学院麻国庆教授，西北民族大学民族学与社会学学院博士研究生导师满珂教授，西藏民族大学文学院马小燕副教授，广西社会科学院哲学研究所马静助理研究员，广西民族大学博士研究生导师刘金林教授等。

从图 3-24 可知，庄新岸和龚超，宗喀·漾正冈布和王振杰，周文和张亮、陈浩、何明，周涵和严庆，钟梅燕和贾学锋，张学敏和崔萨础拉，颜夏含和徐晓光、夏杨，闫红瑛和王新、王芳艳，徐燕和袁同凯，徐姗姗和王军杰，田敏和蒋满娟，孙悟湖和班班多杰，苏日娜和李娟，蒙祥忠和麻国庆，满珂和蒋亭亭，马小燕和马梦倩等之间存在合作关系。结合来源数据库可知，庄新岸和龚超合作发表的文章是刊载于《湖南社会科学》第 6 期的《多民族互嵌式社会结构中的中华民族共同体建设》，宗喀·漾正冈布和王振杰合作发表的文章是刊载于《中南民族大学学报（人文社会科学版）》第 41 卷第 8 期的《日常生活实践中的中华民族共同体构建——以青海民和县杏儿乡"民族团结模范集体"为例》，周文和张亮、陈浩、何明合作发表的文章是刊载于《广西民族研究》第 2 期的《边疆民族事务治理现代化与量化调查研究——中国边疆地区民族社会发展调查（CBSS）的实施与初步发现》，周涵和严庆合作发表的文章是刊载于《北方民族大学学报（哲学社会科学版）》第 5 期的《从历史书写中寻找共同体意识——鲁大维笔下帝国秩序中东北亚政治实体互动》，钟梅燕和贾学锋合作发表的文章是刊载于《北方民族大学学报（哲学社会科学版）》第 6 期的《民族院校铸牢中华民族共同体意识的实践研究》，张学敏和崔萨础拉合作发表的文章是刊载于《贵州民族研究》第 42 卷第 5 期的《民汉混合班铸牢大学生中华民族共同体意识的逻辑探索——基于群际接触理论分析》，颜夏含和徐晓光、夏杨合作发表的文章是刊载于《贵州民族研究》第 42 卷第 6 期的《交往、交流、交融过程中清水江流域民族文化共享研究》，闫红瑛和王新、王芳艳合作发表的文章是刊载于《西藏民族大学学报（哲学社会科学版）》第 42 卷第 6 期的《为"西藏：稳定、发展、生态、强边"建言献策——第三届"藏秦·喜马拉雅"论坛综述》，徐燕和袁同凯合作发表的文章是刊载于《新西北民族研究》第 3 期的《河湟走廊上的民族交往交流交融——以临夏州唐汪人为例》，徐姗姗和王军杰合作发表的文章是刊载于《广西民族研究》第 4 期的《各民族交往交流交融的研究脉络与前沿演进——基于 CNKI 论文（2011—2020）的知识图谱分析》，田敏和蒋满娟合作发表的文章是刊载于《中南民族大学学报（人文社会科学版）》第

41卷第3期的《汉族与少数民族文化"三交"及影响——以明代贵州思南府地区为例》，孙悟湖和班班多杰合作发表的文章是刊载于《民族研究》第1期的《多元通和：汉族、藏族、蒙古族宗教文化交往交流交融的历史考察》，苏日娜和李娟合作发表的文章是刊载于《中南民族大学学报（人文社会科学版）》第41卷第9期的《多民族服饰融合与中华文化认同——以魏晋南北朝时期为中心的考察》，蒙祥忠和麻国庆合作发表的文章是刊载于《西南民族大学学报（人文社会科学版）》第42卷第10期的《联结与交融：从民族交错地带看中华民族共同体》，满珂和蒋亭亭合作发表的文章是刊载于《中央民族大学学报（哲学社会科学版）》第48卷第6期的《民族文化交流交融与"中华民族共同体"的生成发展探析——以西北地区为例》，马小燕和马梦倩合作发表的文章是刊载于《西藏民族大学学报（哲学社会科学版）》第42卷第5期的《西藏各民族交往交流交融的文学书写——以西藏汉语长篇小说为考察》等。

进一步从资助资金角度来看，2021年主要有国家社科重大专项"'五个认同'视域下西南民族地区各民族有序参与基层治理的理论逻辑及实践路径研究"（20VMZ004）、教育部项目"基于语言经济学视角的少数民族地区推普的精准扶贫效应评估及完善路径研究"（19YJA790054）、教育部人文社会科学重点研究基地重大项目"世界民族概论"（11JJD850009）、国家社会科学基金重大项目"藏蒙医学历史与现状调查研究"（15ZDB116）、国家社会科学基金重大项目"南方少数民族国家认同与民族团结的历史文献整理与研究"（17ZDA154）、国家社科基金重大项目"中国岭南传统村落保护与利用研究"（17ZDA165）、国家社会科学基金重大项目"中国古代北方多民族服饰文化融合及中华文化认同实证研究"（19ZDA183）、国家社会科学基金一般项目"西北民族走廊上的文化交融与族群关系研究"（13BMZ049）、国家民委民族问题研究优秀中青年专家项目"民族交往交流交融与中华民族多元一体研究：以民族院校为个案"（2019-GME-061）、教育部人文社会科学研究项目"新时代意识形态空间传播与认同研究"（20YJC710098）、西藏文化传承发展省部共建协同创新中心项目"西藏非物质文化遗产在铸牢中华民族共同体意识中的地位和作用研究"（WT-ZD20210101）、国家民委民族研究青年项目"就业互嵌：民族院校铸牢中华民族共同体意识的实践研究"（2021-GMC-041）、中共中央党校（国家行政学院）2020年度校级课题"中华民族共同体思想内在逻辑和铸牢路径研究"、国家社会科学基金项目"子女教育与社会阶层再生产研究"（20BSH056）、国家社会科学基金重点项目"多元一体视角下民族地区学校教育中的族群认同与国家认同研究"（19AMZ012）、2021年度南开大学文科发展基金科学研究类项目"国家认同教育的地方性实践"（ZB21BZ0110）、国家社会科学基金项目"铸牢中华民族共同体意识视角下河西走廊民族交往交流交融研究"（20BMZ042）、国家社科基金一般项目"尊重差异、包容多样与我国民族教育政策实践研究"（15BMZ051）、国家社科基金铸牢中华民族共同体意识研究专项项目"马克思主义人类学中国化与铸牢中华民族共同体意识理论体系研究"（20VMZ002）、国家社会科学基金重点项目"新时代中国马克思主义人类学的理论创新和意识形态建设研究"（19AZD027）、国家社科基金重点项目"黔桂界邻地区少数民族石体资料的收集、整理与研究"（18AMZ0011）、北方民族大学校级教改重点项目"民族院校铸牢中华民族共同体意识融入思政课建设路径研究——以北方民族大学为例"、教育部哲学社会科学研究重大课题攻关项目"健全民族团结进步教育常态化机制研究"（18JZD054）、国家民委人文社科重点研究基地西南少数民族研究中心2019年度重点项目"社会转型期渝东南非遗分类管理机制研究：以秀山花灯等项目为例"（XNYJZ1902）、国家社会科学基金重点项目"传统'和合'思想与中华民族共同体基本内涵的学理逻辑及其培育机制研究"（18AZZ009）、广东省高校思想政治教育课题"统筹推进大中小学思政课一体化建设研究"（2019GXSZ135）、广州市哲学社会科学发展"十三五"规划一般课题"广州市多元文化交汇中核心价值观研究"（2016GZMZYB02）、国家社科基金重大项目"我国民族团结和民族关系的理论与实践研究"（16ZDA151）等基金对各民族交往交流交融有关的研究实践进行了资助。

（11）2022年各民族交往交流交融研究领域的发文作者知识图谱分析

按照图3-1对CiteSpace进行设置后，将时间区间（Time Slicing）调整为2022年1月至2022年12月，然后点击软件界面的"GO!"按钮构建2022年各民族交往交流交融研究领域的发文作者知识图谱，如图3-25所示。为更好地展示和厘清2022年各民族交往交流交融研究领域的发文作者合作关系，从CiteSpace导出NetDraw格式的数据，然后将导出的与2022年该研究领域发文作者有关的合作信息数据导入NetDraw可视化软件中，构建2022年各民族交往交流交融研究领域的发文作者合作共现知识图谱，运用"Delete isolates"功能和"Delete pendants"功能对生成的发文作者合作共现知识图谱进行处理，从而得到本书展现和分析所用的2022年各民族交往交流交融研究领域的发文作者合作共现知识图谱，如图3-26所示。

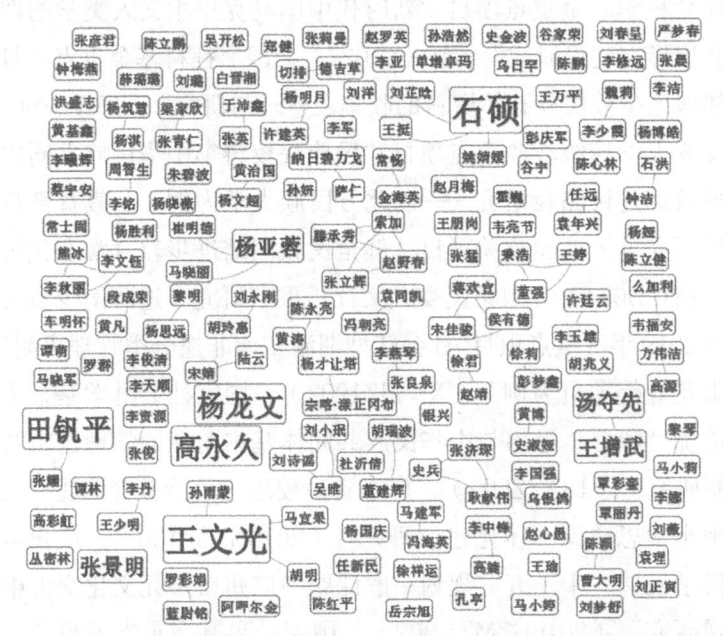

图3-25　2022年各民族交往交流交融研究领域的发文作者知识图谱

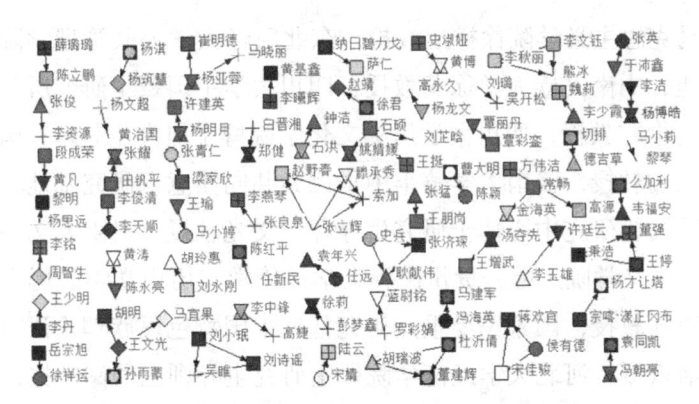

图 3-26　2022 年各民族交往交流交融研究领域的发文作者合作共现知识图谱

从图 3-25 可知，2022 年各民族交往交流交融研究领域的发文作者有 181 位，分别是兰州大学西北少数民族研究中心暨历史文化学院博士研究生导师宗喀·漾正冈布教授，北方民族大学国家民委中华民族共同体研究基地、马克思主义学院硕士研究生导师钟梅燕讲师，西南民族大学旅游与历史文化学院硕士研究生导师钟洁教授，西南民族大学旅游与历史文化学院硕士研究生导师石洪副研究员，武警警官学院分队指挥系赵野春教授，西南民族大学西南民族研究院张立辉研究员，武警警官学院分队指挥系滕承秀讲师，武警警官学院分队指挥系索加助教，西南民族大学民族研究院博士研究生导师赵心愚教授，中国社会科学院民族学与人类学研究所铸牢中华民族共同体意识研究基地赵罗英助理研究员，中央民族大学民族学与社会学学院张青仁教授，中央民族大学民族学与社会学学院人类学专业硕士研究生梁家欣，北方民族大学民族学学院博士研究生导师张景明教授，武汉科技大学袁年兴教授，武汉科技大学任远助理研究员，中共西藏自治区委员会党校公共管理教研部银兴讲师，中央民族大学民族学与社会学学院博士研究生杨淇，中央民族大学民族学与社会学学院博士研究生导师杨筑慧教授，中国社会科学院财经战略研究院旅游与休闲研究室杨明月助理研究员，中国社会科学院中国边疆研究所博士研究生导师许建英研究员，中南民族大学民族学与社会学学院博士研究生杨国庆，东北财经大学马克思主义学院徐祥运教授，东北财经大学公共管理学院研究生岳宗旭，中南民族大学徐莉教授，四川大学中国藏学研究所、历史文化学院徐君教授，四川大学历史文化学院博士研究生赵靖，南宁师范大学王瑜教授，云南大学铸牢中华民族共同体意识研究基地、西南边疆少数民族研究中心博士研究生导师王文光教授，贵阳人文科技学院马克思主义学院王婷，贵州民族大学民族学与历史学学院博士研究生导师董强教授，国家民委重点研究基地中国特色民族理论研究基地主任秉浩教授，河北大学经济学院硕士研究生导师王朋岗教授，西南民族大学法学院博士研究生导师田钒平教授，西华师范大学法学院张耀讲师，安徽大学社会与政治学院博士研究生导师汤夺先教授，四川大学石硕教授，复旦大学社会发展与公共政策学院博士研究生导师纳日碧力戈教授，兰州文理学院马小莉讲师，甘肃民族出版社编辑黎琴等。

从图3-26可知，宗喀·漾正冈布和杨才让塔，钟洁和石洪，赵野春和张立辉、滕承秀、索加，张青仁和梁家欣，袁年兴和任远，杨淇和杨筑慧，杨明月和许建英，徐祥运和岳宗旭，徐莉和彭梦鑫，徐君和赵靖，王瑜和马小婷，王文光和孙雨蒙，王文光和马宜果，王婷和董强、秉浩，王朋岗和张猛，田钒平和张耀，汤夺先和王增武，石硕和姚婧媛等之间存在合作关系。结合来源数据库可知，宗喀·漾正冈布和杨才让塔合作发表的文章是刊载于《西藏大学学报（社会科学版）》第37卷第3期的《从安多、卫藏、北京、蒙古到五台山：松巴班智达的社会与学术活动及对沟通藏汉满蒙文化的贡献》，钟洁和石洪合作发表的文章是刊载于《旅游学刊》第37卷第12期的《文化旅游促进各民族交往交流交融的价值与路径》，赵野春和张立辉、滕承秀、索加合作发表的文章是刊载于《西南民族大学学报（人文社会科学版）》第43卷第1期的《渐进交融：中华民族共同体建设的必然进程》，张青仁和梁家欣合作发表的文章是刊载于《西北民族研究》第1期的《运河纽带与民族交往交流交融——基于通州北运河流域的田野调查》，袁年兴和任远合作发表的文章是刊载于《中南民族大学学报（人文社会科学版）》第42卷第11期的《民族交往交流交融：

作为方法的新时代民族学话语》，杨淇和杨筑慧合作发表的文章是刊载于《北方民族大学学报（哲学社会科学版）》第5期的《民族交往交流交融中的空间生产研究——基于YWCH个人生命史的考察》，杨明月和许建英合作发表的文章是刊载于《旅游学刊》第37卷第12期的《民宿促进民族地区交往交流交融的价值与路径》，徐祥运和岳宗旭合作发表的文章是刊载于《黑龙江民族丛刊》第3期的《数字技术社会化进程中的民族交往交流交融研究——一个空间社会学的视角》，徐莉和彭梦鑫合作发表的文章是刊载于《中南民族大学学报（人文社会科学版）》第42卷第7期的《群际接触视角下社区中华民族共同体意识的铸牢策略》，徐君和赵靖合作发表的文章是刊载于《中央民族大学学报（哲学社会科学版）》第49卷第6期的《日常生活实践与中华民族共同体意识形成路径——以藏族群众成都就医为例》，王瑜和马小婷合作发表的文章是刊载于《中南民族大学学报（人文社会科学版）》第42卷第1期的《我国各民族交往交流交融的空间生产与实践路径》，王文光和孙雨蒙合作发表的文章是刊载于《贵州社会科学》第11期的《中华民族交往交流交融的历史维度研究述论》，王文光和马宜果合作发表的文章是刊载于《烟台大学学报（哲学社会科学版）》第35卷第2期的《北齐、陈两政权的民族交往交流交融》，王婷和董强、秉浩合作发表的文章是刊载于《黑龙江民族丛刊》第2期的《促进各民族广泛交往交流交融和团结统一》，王朋岗和张猛合作发表的文章是刊载于《西北人口》第43卷第4期的《少数民族流动人口族际交往交流交融研究》，田钒平和张耀合作发表的文章是刊载于《西北民族研究》第2期的《算法权力对民族交往交流交融的影响及其规制》，汤夺先和王增武合作发表的文章是刊载于《北方民族大学学报（哲学社会科学版）》第3期的《互嵌与共享：新时代散杂居地区民族文化交融研究》，石硕和姚婧媛合作发表的文章是刊载于《云南师范大学学报（哲学社会科学版）》第54卷第6期的《18世纪西南边疆多民族交往交流交融与中华民族共同体意识的形成——以司徒班钦三赴丽江为例》等。

进一步从资助资金角度来看，2022年主要有国家社会科学基金重大项目"藏蒙医学历史与现状调查研究"（15ZDB116）、国家社会科学基金项目"铸牢中华民族共同体意识视角下河西走廊民族交往交流交融研究"（20BMZ042）、四川省人文社会科学重点研究基地"青藏高原经济社会与文化发展研究中心"和西南民族大学中央高校基本科研业务费青藏高原经济社会与文化发展研究中心专项资助项目（2021PTJS09）、国家社会科学基金项目"旅游业促进西部民族地区乡村全面振兴的实现路径研究"（19BMZ126）、国家社会科学基金重大项目"新中国成立后各民族人口流动与深度交融的动力机制研究"（21&ZD213）、天津市哲学社会科学规划项目2020年课题"新时代天津市民族工作不忘初心、牢记使命研究"（TJSR20-013）、国家社科基金重点项目"长三角地区少数民族人口流动与民族交往交流交融研究"（21AMZ005）、国家社会科学基金重大项目"构建中华各民族共有精神家园的少数民族视域研究"（17ZDA152）、国家民委民族研究基地项目"促进各民族交往交流交融研究"（2021-GMG-035）、甘肃省民委委托河西学院项目"河西走廊民族团结和历史文化研究"（H2020027）、中央四部委"四川大学铸牢中华民族共同体意识研究基地"专项、中央民族大学专项课题重点项目"铸牢中华民族共同体意识理论体系研究"（2021MDZL01）、国家社科基金"铸牢中华民族共同体意识"研究专项项目"铸牢中华民族共同体意识的心理机制研究"（20VMZ011）、广西中华民族共同体意识研究院"新时代铸牢中华民族共同体意识的理论指南与路径选择研究"（2020GXMGY0101）、国家社会科学基金重大委托项目"新时代增强各族人民中华民族认同的法治保障机制研究"（19@ZH020）、国家社会科学基金重点项目"推进民族区域自治法治化若干重大法律问题研究"（17AMZ003）、西南民族大学民族法治研究创新团队项目"铸牢中华民族共同体意识法治保障研究"（2020STD01）、国家社会科学基金项目"维吾尔族流动人口族际交往发生机制与促进策略研究"（18BRK043）、北京市委宣传部重大委托项目"北运河流域民俗文化普查及民俗志文化志编纂"（京财科〔2018〕86号）、教育部人文社会科学研究青年基金项目"民族旅游文化展演与地方文化保护的中西比较研究"（17YJC850020）、2018年度西藏哲学社会科学专项资金青年项目"民族互嵌视域下的西藏社区治理研究"（18CZZ001）、国家社科基金青年项目"明清湘黔苗区边墙遗址遗存调查与整理"（21CMZ027）、教育部人文社科重点研究基地重大项目"新时期汉藏交流现状及特点研究（改革开放至今）"（17JJD850001）、2022年贵州省社会科学院创新工程项目"中国南方葫芦崇拜民族的'四个共同'历史研究"（CXLL2201）、中央高校基本科研专项资金重点项目"社会工作参与城市社区协同治理的行动策略"（CSZ21004）、国家社会科学基金青年项目"西藏相对贫困治理立法理论与实践研究"（20CFX001）、国家社会科学基金一般项目"易地扶贫搬迁安置社区治理与空间再造研究"（20BSH155）、中国社会科学院民族学与人类学研究所青年创新工程项目"新生代在韩中国朝鲜族的社会适应研究"（2020MZSQN001）、国家社科基金重大项目"中国古代北方多民族服饰文化融合及中华文化认同实证研究"（19ZDA183）、北方民族大学中央高校基本科研业务费专项资金项目"草原丝绸之路族群迁移和文化交流互鉴与中华文化认同实证研究"（2020KYQD12）、国家社会科学基金项目"西南边境民族地区农村贫困家庭子女贫困再生产的发生归因及其干预研究"（17BSH070）等基金对各民族交往交流交融有关的研究实践进行了资助。

第二节 发文机构

发文机构的知识图谱分析是以各民族交往交流交融研究领域的学术成果的发文作者所在机构为统计指标，以揭示各民族交往交流交融研究领域的发文机构分布、高产发文机构分布及发文机构之间的合作关系等情况，以为未来该领域的发文机构之间的广泛合作交流和跨学科交叉研究方向提供一定的资料参考，促使各民族交往交流交融研究领域产出更多高质量的交叉学术成果。如河北大学新闻传播学院王秋菊等的《多维视角下智能传播研究的学术图景与发展脉络——基于CiteSpace科学知识图谱的可视化分析》一文通过对2011年至2021年10月20日国内外智能传播研究文献的发文机构的分析发现，这段时间国内外智能传播研究的高产发文机构包括中国传媒大学、比利时安特卫普大学（University of Antwerp）、清华大学、荷兰伊拉斯姆斯大学（Erasmus University）、中国人民大学、荷兰阿姆斯特丹大学（University of Amsterdam）、中国社会科学院新闻与传播研究所、美国俄勒冈大学（University of Oregon）、复旦大学、北京师范大学、美国北伊利诺伊大学（Northern Illinois University）等[1]；中南财经政法大学法学院李慧君的《国内个人信息保护研究的热点主题与演进趋势——基于CiteSpace的知识图谱分析》一文通过对2003—2022年国内个人信息保护研究领域的发文机构的分析发现，这段时间该研究领域的高产发文机构包括中国人民大学法学院、武汉大学法学院、清华大学法学院、武汉大学信息管理学院等研究机构，并且这些发文机构之间的合作深度和强度还不够[2]；南宁职业技术学院李东升的《我国职业教育研究现状及趋势的知识图谱分析——基于CSSCI数据库（1998—2022）数据》一文通过对1998—2022年我国职业教育研究领域的发文机构的分析发现，这段时间该研究领域已形成了以华东师范大学、天津大学、北京师范大学、西南大学等为代表的高产发文机构，而且发文机构之间的合作深度和强度都很高[3]；等等。

本小节主要通过发文机构的整体性分析和发文机构的阶段性分析两部分对各民族交往交流交融研究领域的发文机构进行相关科学知识

---

[1] 阳广元，邓进. 国外E-Science研究论文的计量研究[J]. 西南民族大学学报（人文社会科学版），2015，36(03)：234-240.
[2] 李慧君. 国内个人信息保护研究的热点主题与演进趋势——基于CiteSpace的知识图谱分析[J]. 昆明理工大学学报（社会科学版），2023，23(01)：78-89.
[3] 李东升. 我国职业教育研究现状及趋势的知识图谱分析——基于CSSCI数据库（1998—2022）数据[J]. 中国职业技术教育，2023，No.844(12)：51-60.

图谱的构建、梳理和分析，以揭示各民族交往交流交融研究领域在各个时期的发文机构分布、高产发文机构分布及发文机构之间的合作关系等情况。

一、发文机构的整体性分析

据统计，346 篇与各民族交往交流交融研究有关的学术论文共涉及 157 个发文机构[①]，这 157 个发文机构累计发文 442 篇次[②]，发文机构平均发文篇次约为 2.8 篇次，其中发文量大于 2.8 篇次的发文机构有 33 个，只占总发文机构的 21.02%。参照普赖斯定律计算高产发文作者的公式可知[③]，各民族交往交流交融研究领域的高产发文机构的最低发文量约为 5 篇次（$0.749 \times \sqrt{36} \approx 5$），详见表 3-2。

为展示和厘清各民族交往交流交融研究领域的发文机构间的合作关系，运用 CiteSpace 可视化软件构建各民族交往交流交融研究领域的发文机构共现知识图谱。首先按图 3-2 在 CiteSpace 可视化软件上设定构建各民族交往交流交融研究领域的发文机构共现知识图谱的基本参数值，然后设置节点类型（Node Types）为学术论文的发文作者机构（Institution）、选择标准（Selection Criteria）中将 TopN% 设置为 100%，其他参数均采用 CiteSpace 可视化软件设定的默认值，详见图 3-27。然后点击 CiteSpace 可视化软件上的"GO!"按钮以生成各民族交往交流交融研究领域的发文机构共现知识图谱，如图 3-28 所示。

[①] 统计时，按发文机构在样本学术论文中发文机构栏出现一次即计发文 1 篇次。
[②] 来源于 CiteSpace 可视化软件统计计算结果。
[③] 阳广元，邓进. 国外 E-Science 研究论文的计量研究[J]. 西南民族大学学报（人文社会科学版），2015，36(03)：234-240.

表 3-2 各民族交往交流交融研究领域的发文机构列表（发文篇次≥3 或中心度≥0.1）

序号	发文机构	发文篇次	突变值	突变起始年	突变截止年	中心度	首发文年
1	中央民族大学	36	1.62	2011	2012	0.26	2011
2	中国社会科学院	25	2.83	2016	2018	0.08	2015
3	云南大学	22	0			0.04	2015
4	西南民族大学	16	0			0.04	2015
5	兰州大学	16	0			0.01	2012
6	广西民族大学	15	0			0.06	2014
7	中南民族大学	15	0			0	2012
8	南开大学	14	0			0.01	2015
9	四川大学	12	0			0.02	2018
10	北方民族大学	11	0			0	2019
11	西北民族大学	9	0			0.11	2015
12	新疆师范大学	9	1.44	2015	2020	0	2015
13	西藏民族大学	8	0			0.05	2017
14	西藏大学	8	1.51	2018	2019	0	2018
15	贵州民族大学	7	0			0.04	2015
16	中国人民大学	6	0			0.03	2019
17	云南师范大学	6	0			0	2016
18	陕西师范大学	5	0			0.09	2015
19	西藏自治区社会科学院	5	1.36	2018	2020	0	2018
20	内蒙古师范大学	4	0			0.03	2019
21	南宁师范大学	4	0			0.05	2018
22	西南大学	4	0			0.01	2021
23	云南民族大学	4	0			0	2016

续表

序号	发文机构	发文篇次	突变值	突变起始年	突变截止年	中心度	首发文年
24	湖北民族大学	4	0			0	2021
25	中国藏学研究中心	4	0			0	2020
26	西北师范大学	4	1.5	2017	2020	0	2017
27	宜春学院	3	0			0.02	2019
28	国家民族事务委员会	3	0			0.08	2015
29	石河子大学	3	0			0	2017
30	北京大学	3	0			0	2018
31	内蒙古民族大学	3	1.3	2014	2019	0	2014
32	吉首大学	3	0			0	2022
33	武汉大学	3	0			0	2017

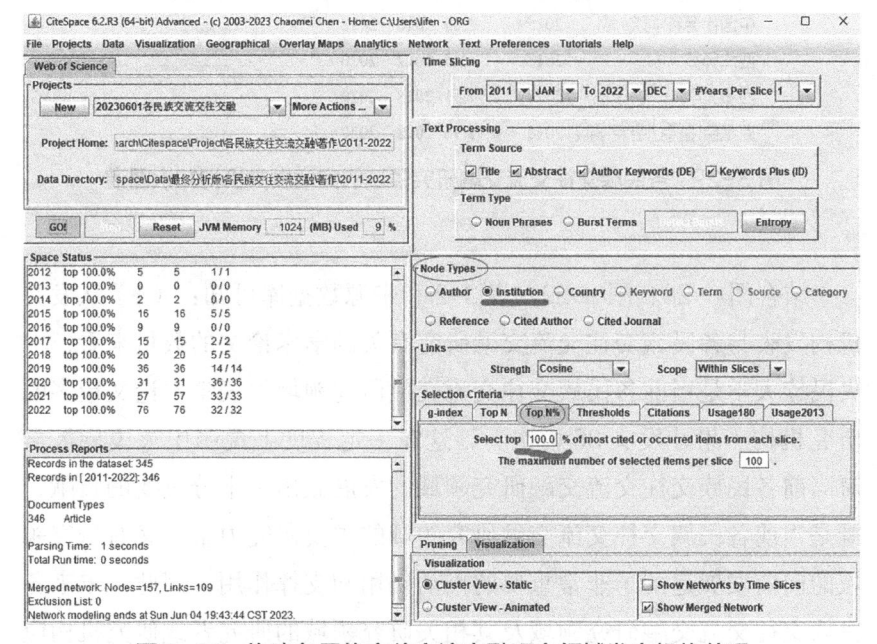

图 3-27 构建各民族交往交流交融研究领域发文机构共现知识图谱的 CiteSpace 基本参数

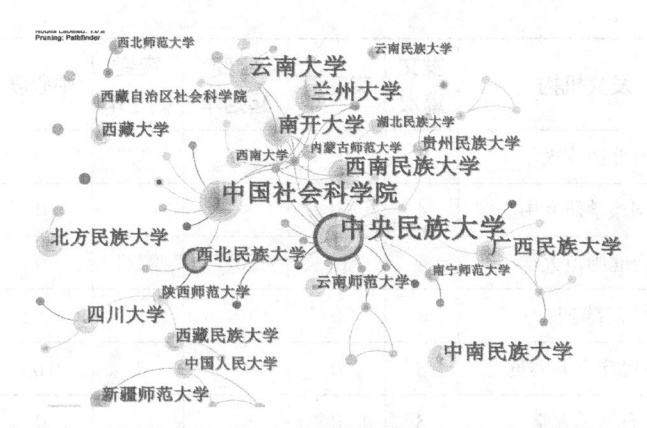

图 3-28　各民族交往交流交融研究领域的发文机构共现知识图谱

Top 7 Institutions with the Strongest Citation Bursts

Institutions	Year	Strength	Begin	End	2011 – 2022
中央民族大学	2011	1.62	2011	2012	
内蒙古民族大学	2014	1.3	2014	2019	
新疆师范大学	2015	1.44	2015	2020	
中国社会科学院	2015	2.83	2016	2018	
西北师范大学	2017	1.5	2017	2020	
西藏大学	2018	1.51	2018	2019	
西藏自治区社会科学院	2018	1.36	2018	2020	

图 3-29　各民族交往交流交融研究领域的突增发文机构知识图谱

结合图 3-28、图 3-29、表 3-2 和来源数据库可知：（1）从发文机构发表与各民族交往交流交融研究有关的学术论文的数量来看，中央民族大学是当前各民族交往交流交融研究领域发表学术论文最多的研究机构（累计发文 36 篇次），这在一定程度上说明中央民族大学对当前各民族交往交流交融研究领域的发展做出了十分重要的贡献，既是当前各民族交往交流交融研究领域的主要研究力量，又对研究领域的向前发展起到了非常重要的推动作用和支撑作用。因此，未来各民族交往交流交融研究领域及其相关研究领域的研究者或研究机构应该多多关注中央民族大学关于各民族交往交流交融研究领域的研究实践的最新成果,以便于更快地了解这些最新研究成果的内容,把握各民族交往交流交融研究领域的热点和前沿趋势。其次依次是中国社会科学院、云南大学、西南民族大学、兰州大学、广西民族大学、中南民族大学、南开大学、四川大学等发文机构,它们也为当前各民族交往交流交融研究领域的发展做出了不可忽视的重要贡献,其最新研究成果也是未来各民族交往交流交融研究领域及其相关研究领域的研究者或研究机构应该多关注的对象。(2)依据普赖斯定律计算高产发文作者的公式可知[1],当前各民族交往交流交融研究领域的高产发文机构的最低发文量为5篇次,即表3-2中所列的发文量大于等于5篇次的发文机构就是当前各民族交往交流交融研究领域的高产发文机构,包括中央民族大学、中国社会科学院、云南大学、西南民族大学、兰州大学、广西民族大学、中南民族大学、南开大学、四川大学、北方民族大学、西北民族大学、新疆师范大学、西藏民族大学、西藏大学、贵州民族大学、中国人民大学、云南师范大学、陕西师范大学、西藏自治区社会科学院19个发文机构(占总发文机构的12.1%),这在一定程度上说明各民族交往交流交融研究领域的高产发文机构比较集中。另外,这19个高产发文机构的累计发文量为245篇次,占总发文篇次的55.43%(高于50%),这在一定程度上说明当前各民族交往交流交融研究领域已初步形成了以中央民族大学、中国社会科学院、云南大学、西南民族大学、兰州大学、广西民族大学、中南民族大学等19个高产发文机构为代表的核心发文机构群对各民族交往交流交融研究领域进行持续性的深入研究实践。(3)从发文机构的中心度来看,中央民族大学(中心度为0.26)和西北民族大学(中心度为0.11)两个发文机构的中心度都大于0.1,这说明中央民族大学和西北民族大学是当前各民族交往交流交融研究领域的关键性发文机构,在整个各民族交往交流交融研究领域的发文机构共现知识图谱中起着十分重要的关键性作用,其发表的学术论文为当前各民族交往交流交融

---

[1] 阳广元,邓进. 国外E-Science研究论文的计量研究[J]. 西南民族大学学报(人文社会科学版),2015,36(03):234-240.

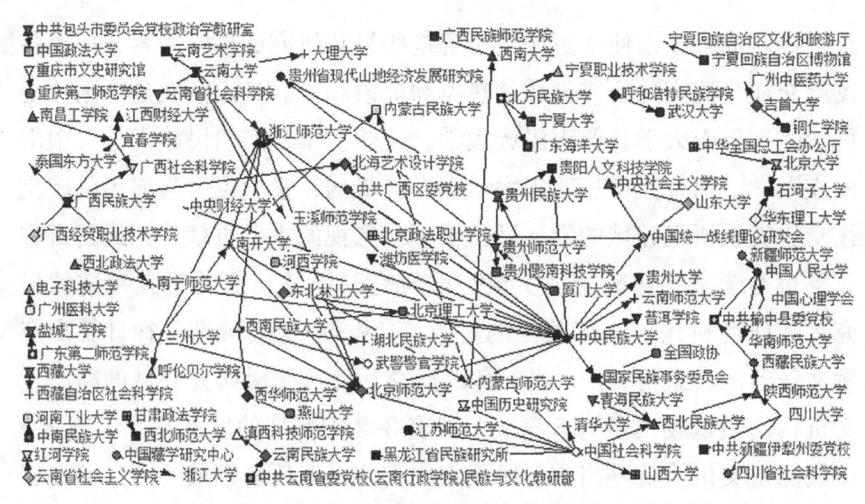

图 3-30　各民族交往交流交融研究领域的发文机构合作共现知识图谱

研究领域的发展起到了十分重要的支撑作用和促进作用。（4）从发文机构的突变值来看，在突变年时，中国社会科学院（突变值为2.83，突变年为2016年至2018年）、中央民族大学（突变值为1.62，突变年为2011年至2012年）、西藏大学（突变值为1.51，突变年为2018年至2019年）、西北师范大学（突变值为1.5，突变年为2017年至2020年）、新疆师范大学（突变值为1.44，突变年为2015年至2020年）、西藏自治区社会科学院（突变值为1.36，突变年为2018年至2020年）、内蒙古民族大学（突变值为1.3，突变年为2014年至2019年）7个发文机构在各民族交往交流交融研究领域的研究实力得到了有力提升，研究地位也明显得到了改变。（5）从首发文年来看，中央民族大学、清华大学等发文机构对各民族交往交流交融研究领域的研究实践起步相对较早。

为更好地展现和厘清当前各民族交往交流交融研究领域的发文机构的具体合作情况，从 CiteSpace 导出 NetDraw 格式的数据，然后将导出的各民族交往交流交融研究领域的发文机构合作信息数据导入 NetDraw 可视化软件中，构建各民族交往交流交融研究领域的发文机构合作共现知识图谱，运用"Delete isolates"功能和"Delete pendants"功能对生成的发文机构合作共现知识图谱进行两次处理后，得到本研究展现和分析所用的各民族交往交流交融研究领域的发文机构合作共现知识图谱，如图3-30所示。

从图3-30可知，当前各民族交往交流交融研究领域已经形成了大量发文机构的学术合作团体，并发表了大量价值不菲的合作学术论文，具体包括以中央民族大学、贵州大学、普洱学院、厦门大学、北京理工大学、内蒙古师范大学、广西民族师范学院、西北民族大学、中国社会科学院、山西大学、浙江师范大学、北京师范大学、云南大学、广西民族大学、兰州大学、宜春学院、西南民族大学、贵州师范大学等为代表的学术合作团队，以北方民族大学、宁夏职业技术学院、宁夏大学、广东海洋大学等为代表的学术合作团队，以云南民族大学、滇西科技师范学院、中共云南省委党校（云南行政学院）民族与文化教研部等为代表的学术合作团队，以中南民族大学、河南工业大学等为代表的学术合作团队，以北京大学、石河子大学、华东理工大学、中华全国总工会办公厅等为代表的学术合作团队，以西藏大学、西藏自治区社会科学院等为代表的学术合作团队，等等。

二、发文机构的阶段性分析

为更详细地展示和厘清当前各民族交往交流交融研究领域的发文机构在每个年度的分布以及发文机构之间的合作关系，本小节特以年度为划分标准来对当前各民族交往交流交融研究领域的发文机构在各个年度的分布与合作情况进行年度发文机构合作共现知识图谱的构建、梳理和分析。在开展相关研究之前，先构建当前各民族交往交流交融研究领域发文机构的时区知识图谱，如图3-31所示。

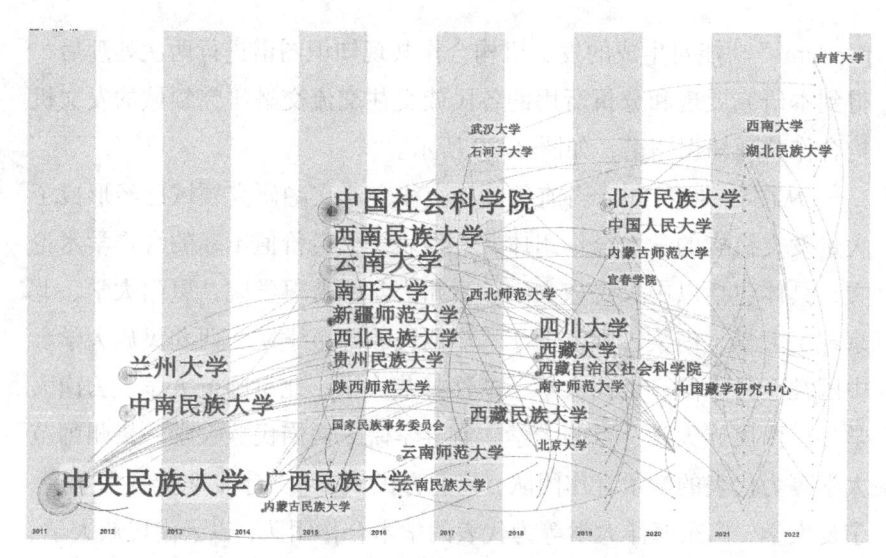

图 3-31　各民族交往交流交融研究领域各年度发文机构的时区知识图谱

从图 3-31 中可以清楚地看出当前各民族交往交流交融研究领域各年度发文机构的具体分布。为进一步展示和梳理当前各民族交往交流交融研究领域的发文机构在每个年度的具体分布和合作情况，下面将以年度为划分标准，对每个年度各民族交往交流交融研究领域的发文机构进行相关知识图谱的构建、梳理和分析。

（1）2011 年各民族交往交流交融研究领域的发文机构知识图谱分析

按照图 3-27 对 CiteSpace 进行设置后，将时间区间（Time Slicing）调整为 2011 年 1 月至 2011 年 12 月，然后点击软件界面的"GO!"按钮构建 2011 年各民族交往交流交融研究领域的发文机构知识图谱，如图 3-32 所示。

图 3-32　2011 年各民族交往交流交融研究领域的发文机构知识图谱

表 3-3　2011 年各民族交往交流交融研究领域的发文机构列表

序号	发文篇次	机构名称
1	2	中央民族大学
2	1	清华大学

通过图 3-32、表 3-3 和来源数据库可知，2011 年各民族交往交流交融研究领域的发文机构中发文量最多的是中央民族大学（累计发文 2 篇次），这说明了中央民族大学为 2011 年各民族交往交流交融研究领域的发展做出了非常重要的贡献，是十分重要的研究力量。其次是清华大学（累计发文 1 篇次），该发文机构也是促进 2011 年该研究领域发展的不可忽视的重要研究力量。进一步对这些机构进行分析发现，其主要贡献者来自中央民族大学中国民族理论与民族政策研究院、中央民族大学管理学院、中国科学院-清华大学国情研究中心、清华大学公共管理学院等二级单位或研究中心，同时还得到了国家民委委托课题"民族团结进步创建理论与实践研究"、教育部人文社会科学重点研究基地 2007 年度重大项目立项课题（07JJD850210）、国家社科基金课题（09BMZ027）、中央民族大学"211 工程"三期民族理论与民族政策重点研究项目、中央民族大学研究生院"民族融合提法社会影响研究"等项目的资助。另外，还可知道 2011 年各民族交往交流交融研究领域的发文机构之间不存在合作关系。

（2）2012 年各民族交往交流交融研究领域的发文机构知识图谱分析

按照图 3-27 对 CiteSpace 进行设置后，将时间区间（Time Slicing）调整为 2012 年 1 月至 2012 年 12 月，然后点击软件界面的"GO!"按钮构建 2012 年各民族交往交流交融研究领域的发文机构知识图谱，如图 3-33 所示。为更好地展示和厘清 2012 年各民族交往交流交融研究领域发文机构的合作关系，从 CiteSpace 导出 NetDraw 格式的数据，然后将导出的 2012 年各民族交往交流交融研究领域的发文机构合作信息数据导入 NetDraw 可视化软件中，构建 2012 年各民族交往交流交融研究领域的发文机构合作共现知识图谱，运用"Delete isolates"功能和"Delete pendants"功能对生成的发文机构合作共现知识图谱进行处理，从而得到本研究展现和分析所用的 2012 年各民族交往交流交融研究领域的发文机构合作共现知识图谱，如图 3-34 所示。

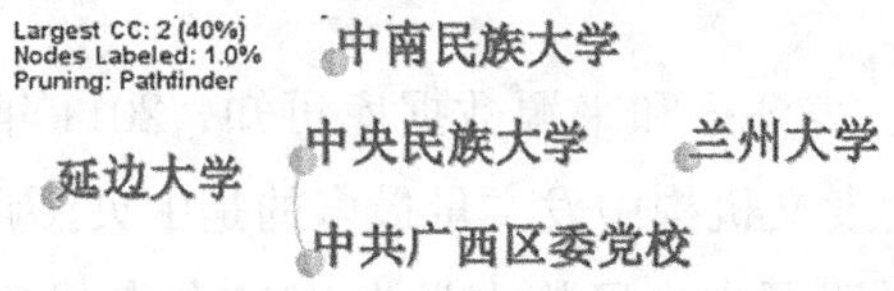

图 3-33 2012 年各民族交往交流交融研究领域的发文机构知识图谱

表 3-4 2012 年各民族交往交流交融研究领域的发文机构列表

序号	发文篇次	机构名称
1	1	中共广西区委党校
2	1	延边大学
3	1	中央民族大学
4	1	中南民族大学
5	1	兰州大学

通过图 3-33、表 3-4 和来源数据库可知，2012 年各民族交往交流交融研究领域的发文机构有中共广西区委党校（累计发文 1 篇次）、延边大学（累计发文 1 篇次）、中央民族大学（累计发文 1 篇次）等 5 个发文机构，这说明这些发文机构为 2012 年各民族交往交流交融研究领域的发展做出了非常重要的贡献，是十分重要的研究力量。进一步对这些机构进行分析发现，其主要贡献者来自中央民族大学中国民族理论与民族政策研究院、中南民族大学法学院、兰州大学西北少数民族研究中心、延边大学马克思主义学院等二级单位或研究中心，同时还得到了教育部人文社会科学重点研究基地 2007 年度重大项目立项课题（07JJD850210）、国家社科基金课题（09BMZ027）、中央民

族大学"211工程"三期民族理论与政策重点学科建设项目、中央民族大学"985工程"三期中国特色民族理论与政策重点学科建设项目、教育部哲学社会科学研究重大课题攻关项目"坚持和完善中国特色的民族政策研究"（10JZD0031）、国家社科基金青年项目"当前新疆南疆地区民族关系问题及其对策研究"（10CMZ015）等项目的资助。

图3-34　2012年各民族交往交流交融研究领域的发文机构合作共现知识图谱

通过图3-34可知，2012年度各民族交往交流交融研究领域的发文机构之间的学术合作团体只有中共广西区委党校和中央民族大学构成的学术合作团队。结合来源数据库可知，这些学术合作团队发表的论文是刊载于《黑龙江民族丛刊》第4期的《民族融合：当前促进还是将来实现——民族理论前沿研究系列论文之四》，并得到了教育部人文社会科学重点研究基地2007年度重大项目立项课题（07JJD850210）、国家社科基金课题（09BMZ027）、中央民族大学"211工程"三期民族理论与政策重点学科建设项目、中央民族大学"985工程"三期中国特色民族理论与政策重点学科建设项目等项目的资助。

（3）2014年各民族交往交流交融研究领域的发文机构知识图谱分析

因分析样本数据中2013年发表的与各民族交往交流交融研究有关的学术论文为0篇，所以本研究不对2013年发表的与各民族交往交流交融研究有关的发文机构进行知识图谱的构建、梳理和分析。本节接下来就直接跳过2013年，开始对2014年各民族交往交流交融研究领域的发文机构进行知识图谱的构建、梳理和分析。

按照图3-27对CiteSpace进行设置后，将时间区间（Time Slicing）调整为2014年1月至2014年12月，然后点击软件界面的"GO！"按钮构建2014年各民族交往交流交融研究领域的发文机构知识图谱，如图 3-35 所示。

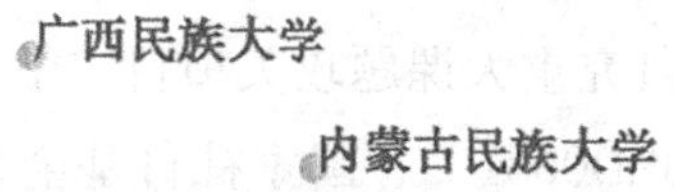

广西民族大学

内蒙古民族大学

图 3-35 2014 年各民族交往交流交融研究领域的发文机构知识图谱

表 3-5 2014 年各民族交往交流交融研究领域的发文机构列表

序号	发文篇次	机构名称
1	1	广西民族大学
2	1	内蒙古民族大学

通过图 3-35 和表 3-5 和来源数据库可知，2014 年各民族交往交流交融研究领域的发文机构有广西民族大学（累计发文 1 篇次）和内蒙古民族大学（累计发文 1 篇次），这些发文机构为 2014 年各民族交往交流交融研究领域的发展做出了非常重要的贡献，是十分重要的研究力量。进一步对这些机构进行分析发现，其主要贡献者来自广西民族大学民族学与社会学学院、内蒙古民族大学马克思主义学院等二级单位，同时还得到了国家民委民族问题研究重点项目"中国特色解决民族问题的道路"（2013-GM-001）、国家社科基金项目"大众文化与少数民族文化融合机制研究"（14XMZ033）等项目的资助。另外，还可知道 2014 年各民族交往交流交融研究领域的发文机构之间不存在合作关系。

（4）2015 年各民族交往交流交融研究领域的发文机构知识图谱分析

按照图 3-27 对 CiteSpace 进行设置后，将时间区间（Time Slicing）调整为 2015 年 1 月至 2015 年 12 月，然后点击软件界面的"GO!"按钮构建 2015 年各民族交往交流交融研究领域的发文机构知识图谱，如图 3-36 所示。为更好地展示和厘清 2015 年各民族交往交流交融研究领域的发文机构的合作关系，从 CiteSpace 导出 NetDraw 格式的数据，然后将导出的 2015 年各民族交往交流交融研究领域的发文机构合作信息数据导入 NetDraw 可视化软件中，构建 2015 年各民族交往交流交融研究领域的发文机构合作共现知识图谱，运用 "Delete isolates" 功能和 "Delete pendants" 功能对生成的发文机构合作共现知识图谱进行处理，从而得到本研究展现和分析所用的 2015 年各民族交往交流交融研究领域的发文机构合作共现知识图谱，如图 3-37 所示。

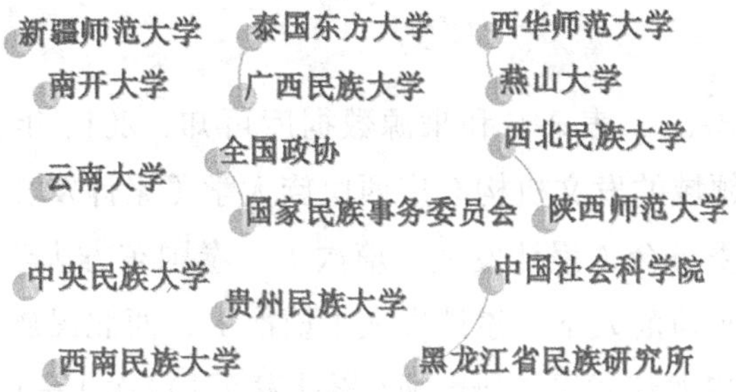

图 3-36 2015 年各民族交往交流交融研究领域的发文机构知识图谱

表 3-6 2015 年各民族交往交流交融研究领域的发文机构列表

序号	发文篇次	机构名称
1	1	广西民族大学
2	1	国家民族事务委员会
3	1	泰国东方大学
4	1	陕西师范大学
5	1	西北民族大学
6	1	黑龙江省民族研究所
7	1	西华师范大学
8	1	全国政协
9	1	中国社会科学院
10	1	燕山大学

续表

序号	发文篇次	机构名称
11	1	西南民族大学
12	1	贵州民族大学
13	1	新疆师范大学
14	1	中央民族大学
15	1	南开大学
16	1	云南大学

通过图 3-36、表 3-6 和来源数据库可知，2015 年各民族交往交流交融研究领域的发文机构有广西民族大学（累计发文 1 篇次）、国家民族事务委员会（累计发文 1 篇次）、泰国东方大学（累计发文 1 篇次）、陕西师范大学（累计发文 1 篇次）、西北民族大学（累计发文 1 篇次）、黑龙江省民族研究所（累计发文 1 篇次）等 16 个发文机构，这些发文机构为 2015 年各民族交往交流交融研究领域的发展做出了非常重要的贡献，是十分重要的研究力量。进一步对这些机构进行分析发现，其主要贡献者来自贵州民族大学马克思主义学院、黑龙江省民族研究所、燕山大学文法学院、西华师范大学马克思主义学院、南开大学周恩来政府管理学院、陕西师范大学宗教研究中心、西北民族大学马克思主义学院、新疆师范大学民族学与社会学学院、云南大学公共管理学院等二级单位或研究中心，同时还得到了国家社会科学基金青年项目"多民族国家建设视角下少数民族社会融合的理论与实践研究"（11CMZ001）、西南民族大学 2015 年博士授权一级学科建设项目（2015XWD-B0304）、中央高校基本科研业务费专项资金资助项目（NKZXB1486）、西南民族大学 2015 年博士授权一级学科建设项目（2015XWD-B0304）等项目的资助。

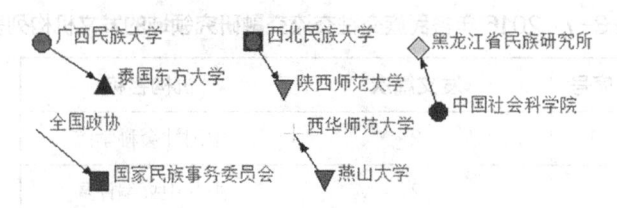

图 3-37　2015 年各民族交往交流交融研究领域的发文机构合作共现知识图谱

通过图 3-37 可知，2015 年各民族交往交流交融研究领域的发文机构之间的学术合作团体包括由广西民族大学和泰国东方大学构成的学术合作团队、由黑龙江省民族研究所和中国社会科学院构成的学术合作团队、由西华师范大学和燕山大学构成的学术合作团队等。结合来源数据库发现，这些学术合作团队发表的文献包括刊载于《广西民族研究》第 6 期的《大湄公河次区域合作民族基础论——兼论去中国中心主义》、刊载于《民族研究》第 6 期的《中国民族理论学会 2015 年学术年会综述》、刊载于《黑龙江民族丛刊》第 5 期的《紧扣时代主题深刻领会中央民族工作会议精神——中国民族理论学会 2015 年学术年会综述》等。

（5）2016 年各民族交往交流交融研究领域的发文机构知识图谱分析

按照图 3-27 对 CiteSpace 进行设置后，将时间区间（Time Slicing）调整为 2016 年 1 月至 2016 年 12 月，然后点击软件界面的"GO!"按钮构建 2016 年各民族交往交流交融研究领域的发文机构知识图谱，如图 3-38 所示。

通过图 3-38、表 3-7 和来源数据库可知，2016 年各民族交往交流交融研究领域的发文机构中发文量最多的是中国社会科学院（累计

图 3-38　2016 年各民族交往交流交融研究领域的发文机构知识图谱

表 3-7　2016 年各民族交往交流交融研究领域的发文机构列表

序号	发文篇次	机构名称
1	2	中国社会科学院
2	2	中共中央编译局
3	1	云南民族大学
4	1	西南民族大学
5	1	西藏农牧学院
6	1	中南民族大学
7	1	云南师范大学
8	1	贵州民族大学
9	1	云南大学

发文2篇次）和中共中央编译局（累计发文2篇次），这说明中国社会科学院和中共中央编译局为2016年各民族交往交流交融研究领域的发展做出了非常重要的贡献，是十分重要的研究力量。其次依次是云南民族大学（累计发文1篇次）、西南民族大学（累计发文1篇次）、西藏农牧学院（累计发文1篇次）、中南民族大学（累计发文1篇次）、云南师范大学（累计发文1篇次）等发文机构，这些发文机构也是促进2016年该研究领域发展的不可忽视的重要研究力量。进一步对这些机构进行分析发现，其主要贡献者来自贵州民族大学马克思主义学院、中共中央编译局博士后工作站、云南师范大学历史与行政学院、中国社会科学院民族学与人类学研究所、云南大学马克思主义学院等二级单位或研究中心，同时还得到了国家民委民族问题研究2015年项目"习近平民族工作思想研究"（2015-GM-173）、云南民族大学民族团结进步理论与实践协同创新中心项目（16YMDXT018、16YMDXT019）、中央编译局社会科学基金一般项目"马克思恩格斯民族理论经典文献在中国的传播历史及研究"（14B03）、国家社

会科学基金青年项目"当代中国族际政治整合的理论与实践研究"（14CZZ010）、国家民委民族问题研究项目"民族互惠：中国民族理论体系的拾遗与补正"（2016GMD002）、中国博士后科学基金第58批面上资助项目"列宁民族理论文献在中国传播的历史考察"（2015M581139）、国家社会科学基金项目"马克思主义经典作家民族理论文献在中国传播的考据研究"（15BKS003）等项目的资助。另外，还可知道2016年各民族交往交流交融研究领域的发文机构之间不存在合作关系。

（6）2017年各民族交往交流交融研究领域的发文机构知识图谱分析

按照图3-27对CiteSpace进行设置后，将时间区间（Time Slicing）调整为2017年1月至2017年12月，然后点击软件界面的"GO!"按钮构建2017年各民族交往交流交融研究领域的发文机构知识图谱，如图3-39所示。为更好地展示和厘清2017年各民族交往交流交融研究领域的发文机构的合作关系，从CiteSpace导出NetDraw格式的数据，然后将导出的2017年各民族交往交流交融研究领域的发文机构合作信息数据导入NetDraw可视化软件中，构建2017年各民族交往交流交融研究领域的发文机构合作共现知识图谱，运用"Delete isolates"功能和"Delete pendants"功能对生成的发文机构合作共现知识图谱进行处理，从而得到本研究展现和分析所用的2017年各民族交往交流交融研究领域的发文机构合作共现知识图谱，如图3-40所示。

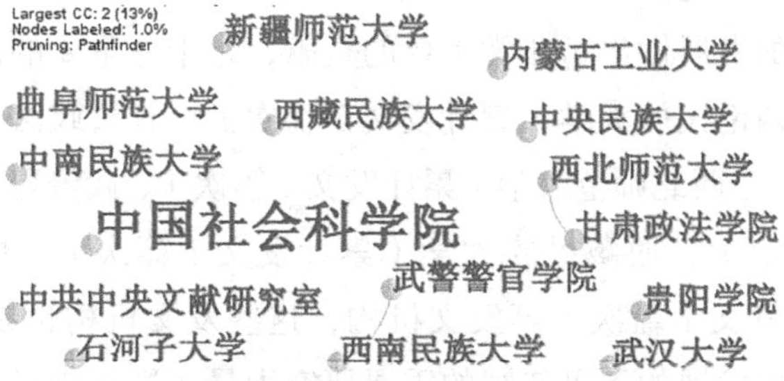

图3-39　2017年各民族交往交流交融研究领域的发文机构知识图谱

表 3-8　2017 年各民族交往交流交融研究领域的发文机构列表

序号	发文篇次	机构名称
1	2	中国社会科学院
2	1	西南民族大学
3	1	甘肃政法学院
4	1	西北师范大学
5	1	武警警官学院
6	1	西藏民族大学
7	1	内蒙古工业大学
8	1	曲阜师范大学
9	1	新疆师范大学
10	1	中共中央文献研究室
11	1	武汉大学
12	1	贵阳学院
13	1	石河子大学
14	1	中央民族大学
15	1	中南民族大学

通过图 3-39、表 3-8 和来源数据库可知，2017 年各民族交往交流交融研究领域的发文机构中发文量最多的是中国社会科学院（累计发文 2 篇次），这表明中国社会科学院为 2017 年各民族交往交流交融研究领域的发展做出了非常重要的贡献，是十分重要的研究力量。其次依次是西南民族大学（累计发文 1 篇次）、甘肃政法学院（累计发文 1 篇次）、西北师范大学（累计发文 1 篇次）、武警警官学院（累计发文 1 篇次）、西藏民族大学（累计发文 1 篇次）、内蒙古工业大学（累计发文 1 篇次）等发文机构，这些发文机构也是促进 2017 年该研究领域发展的不可忽视的重要研究力量。进一步对这些发文机

构进行分析发现，其主要贡献者来自贵阳学院民族学人类学研究所、武汉大学马克思主义学院、甘肃政法学院马克思主义学院、西北师范大学马克思主义学院、曲阜师范大学马克思主义学院、石河子大学政法学院、西藏民族大学马克思主义学院、中南民族大学离退休工作处、内蒙古工业大学人文学院等二级单位或研究中心，并得到了2015年度广西南岭走廊族群文化研究基地开放基金课题"族群互动视域下南岭走廊文化生态失衡研究"（2015KF02）、国家社会科学基金项目"中国共产党治藏方略与西藏南亚大通道建设研究"（6XDJ013）、国家民委2015年民族问题研究项目"网络空间各民族交往交流交融新途径研究"（2015-GM-040）、国家社科基金2013年度项目"网络社会与构建社会主义新型民族关系研究"（13BMZ006）、西南民族大学2017年学位点建设项目（2017XWD-S1204）、国家社科基金西部项目"新疆少数民族传统文化的现代化问题研究"（11XSH014）、新疆高校人文社科重点研究基地"中亚汉语国际教育研究中心"重大招标项目"吉尔吉斯斯坦、塔吉克斯坦孔子学院情感传播研究"（XJEDU040716A01）、2016年度教育部人文社会科学重点研究基地重大项目"中国西部民族地区宗教舆情与监测研究"（16JJD850018）等项目的资助。

图 3-40　2017 年各民族交往交流交融研究领域的发文机构合作共现知识图谱

通过图 3-40 可知，2017 年各民族交往交流交融研究领域的发文机构之间的学术合作团体包括由武警警官学院和西南民族大学构成的学术合作团队、由西北师范大学和甘肃政法学院构成的学术合作团队。结合来源数据库发现，这些学术合作团队发表的文献包括刊载于《黑龙江民族丛刊》第 5 期的《网络空间各民族交往交流交融新途径的思考》、刊载于《黑龙江民族丛刊》第 1 期的《我国是一个统一的多民族国家基本国情教育刻不容缓——甘肃省大学生国情掌握情况调研报告》，并得到了国家民委 2015 年民族问题研究项目"网络空间各民族交往交流交融新途径研究"（2015-GM-040）、国家社科基金 2013 年度项目"网络社会与构建社会主义新型民族关系研究"（13BMZ006）、西南民族大学 2017 年学位点建设项目（2017XWD-S1204）、甘肃政法学院校级科研资助重大项目"甘肃省民族团结进步事业重要问题研究"（2016XZD10）等项目的资助。

（7）2018 年各民族交往交流交融研究领域的发文机构知识图谱分析

按照图 3-27 对 CiteSpace 进行设置后，将时间区间（Time Slicing）调整为 2018 年 1 月至 2018 年 12 月，然后点击软件界面的"GO!"按钮构建 2018 年各民族交往交流交融研究领域的发文机构知识图谱，如图 3-41 所示。为更好地展示和厘清 2018 年各民族交往交流交融研究领域的发文机构的合作关系，从 CiteSpace 导出 NetDraw 格式的数据，然后将导出的 2018 年各民族交往交流交融研究领域的发文机构合作信息数据导入 NetDraw 可视化软件中，构建 2018 年各民族交往交流交融研究领域的发文机构合作共现知识图谱，运用"Delete isolates"功能和"Delete pendants"功能对生成的发文机构合作共现知识图谱进行处理，从而得到本研究展现和分析所用的 2018 年各民族交往交流交融研究领域的发文机构合作共现知识图谱，如图 3-42 所示。

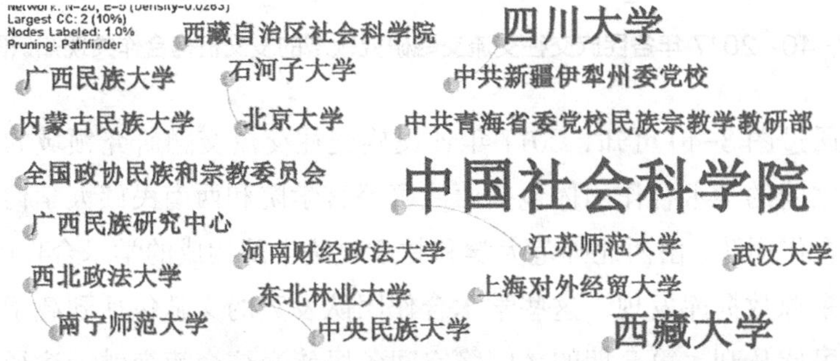

图 3-41 2018 年各民族交往交流交融研究领域的发文机构知识图谱

表 3-9 2018 年各民族交往交流交融研究领域的发文机构列表

序号	发文篇次	机构名称
1	4	中国社会科学院
2	2	四川大学
3	2	西藏大学
4	1	北京大学
5	1	江苏师范大学
6	1	东北林业大学
7	1	石河子大学
8	1	中央民族大学
9	1	西北政法大学
10	1	中共新疆伊犁州委党校
11	1	南宁师范大学
12	1	广西民族大学
13	1	广西民族研究中心
14	1	西藏自治区社会科学院
15	1	河南财经政法大学
16	1	上海对外经贸大学
17	1	武汉大学
18	1	中共青海省委党校民族宗教学教研部
19	1	全国政协民族和宗教委员会
20	1	内蒙古民族大学

通过图 3-41、表 3-9 和来源数据库可知,2018 年各民族交往交流交融研究领域的发文机构中发文量最多的是中国社会科学院(累计

发文4篇次），这表明中国社会科学院为2018年各民族交往交流交融研究领域的发展做出了非常重要的贡献，是十分重要的研究力量。其次依次是四川大学（累计发文2篇次）、西藏大学（累计发文2篇次）、北京大学（累计发文1篇次）、江苏师范大学（累计发文1篇次）、东北林业大学（累计发文1篇次）、石河子大学（累计发文1篇次）、中央民族大学（累计发文1篇次）、西北政法大学（累计发文1篇次）、中共新疆伊犁州委党校（累计发文1篇次）等发文机构，这些发文机构也是促进2018年该研究领域发展的不可忽视的重要研究力量。进一步对这些发文机构进行分析发现，其主要贡献者来自中国社会科学院民族学与人类学研究所、河南财经政法大学马克思主义学院、四川大学经济学院、广西民族大学民族学与社会学学院、广西民族研究中心、西北政法大学研究生院、武汉大学马克思主义学院、中国社会科学院民族学与人类学研究所世界民族研究室、西藏大学马克思主义学院、内蒙古民族大学教育科学学院、内蒙古民族大学民族教育研究所、江苏师范大学哲学与公共管理学院等二级单位或研究中心，并得到了国家社科基金西部项目"南岭走廊的民族交往与构建和谐民族关系研究"（14XMZ045）、宁夏哲学社会科学规划项目"伊斯兰人类学与回族学学科建设"（16NXBZJ01）、广西民族大学2016年度校级引进人才科研启动项目"中越边境壮族的国家认同研究"（2016MDRC007）、国家民委民族研究一般项目"广西民族区域自治60年历史经验研究"（2017-GMB-007）、国家社会科学基金项目"中国共产党治藏方略与西藏南亚大通道建设研究"（6XDJ013）、2015年度西藏自治区青年教师创新支持计划项目"拉萨市青少年公民素养现状及其培育路径研究"（QC2015-15）、国家民委人文社会科学重点研究基地招标课题"文化交融与社会和谐视域下民族地区学校多元文化教育创新研究"（JYJD201616）、国家社科基金项目"东部城市涉及民族因素的矛盾纠纷化解机制创新研究"（14CMZ003）、中国博士后科学基金第61批面上资助项目"东部少数民族流动人口族际交往中的民族心理距离研究"（2017M611099）等项目的资助。

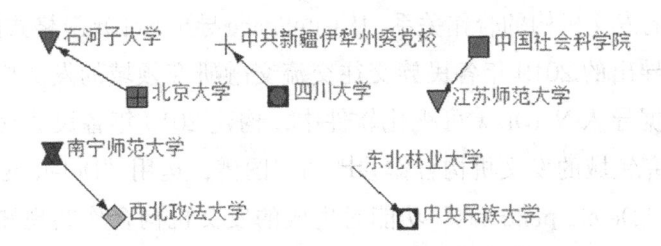

图 3-42 2018 年各民族交往交流交融研究领域的发文机构合作共现知识图谱

通过图 3-42 可知，2018 年各民族交往交流交融研究领域的发文机构之间的学术合作团体包括由石河子大学和北京大学构成的学术合作团队、由四川大学和中共新疆伊犁州委党校构成的学术合作团队、由中国社会科学院和江苏师范大学构成的学术合作团队、由东北林业大学和中央民族大学构成的学术合作团队、由南宁师范大学和西北政法大学构成的学术合作团队。结合来源数据库发现，这些学术合作团队发表的文献包括刊载于《中国高等教育》第 12 期的《学习研究践行习近平新时代治疆方略》、刊载于《云南民族大学学报（哲学社会科学版）》第 35 卷第 1 期的《党的十九大精神与新时代民族工作》等，并得到了国家民委民族问题研究 2017 年项目"民族团结进步理论渊源和中国特色研究"（2017-GME-025）、云南民族大学民族团结进步理论与实践协同创新中心项目"云南民族团结进步的理论与实践研究"（16YMDXT018、16YMDXT019）、中央民族大学十九大精神研究专项课题"中华民族共同体意识研究"、国家哲学社会科学重大项目"习近平总书记治疆方略与新疆长治久安研究"（15ZDA005）等项目的资助。

（8）2019 年各民族交往交流交融研究领域的发文机构知识图谱分析

按照图 3-27 对 CiteSpace 进行设置后，将时间区间（Time Slicing）调整为 2019 年 1 月至 2019 年 12 月，然后点击软件界面的"GO!"按钮构建 2019 年各民族交往交流交融研究领域的发文机构知识图谱，如图 3-43 所示。为更好地展示和厘清 2019 年各民族交往交流交融研究领域的发文机构的合作关系，从 CiteSpace 导出 NetDraw 格式的数据，然后将导出的 2019 年各民族交往交流交融研究领域的发文机构合作信息数据导入 NetDraw 可视化软件中，构建 2019 年各民族交往交流交融研究领域的发文机构合作共现知识图谱，运用"Delete isolates"功能和"Delete pendants"功能对生成的发文机构合作共现知识图谱进行处理，从而得到本研究展现和分析所用的 2019 年各民族交往交流交融研究领域的发文机构合作共现知识图谱，如图 3-44 所示。

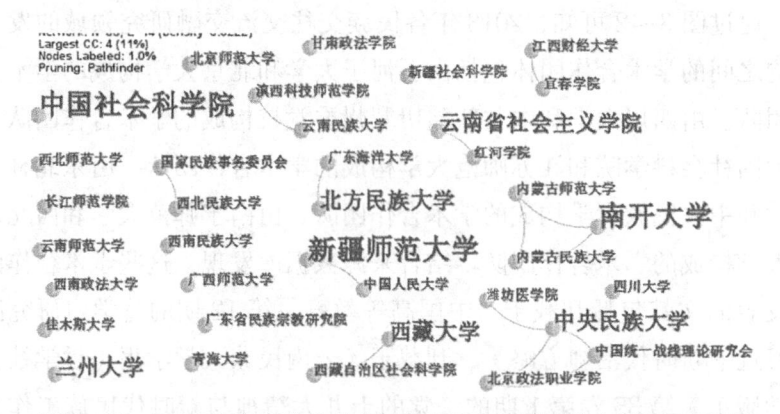

图 3-43 2019 年各民族交往交流交融研究领域的发文机构知识图谱

表 3-10 2019 年各民族交往交流交融研究领域的发文机构列表

序号	发文篇次	机构名称	序号	发文篇次	机构名称
1	3	南开大学	8	2	兰州大学
2	3	新疆师范大学	9	1	内蒙古师范大学
3	3	中国社会科学院	10	1	内蒙古民族大学
4	2	中央民族大学	11	1	北京政法职业学院
5	2	西藏大学	12	1	中国统一战线理论研究会
6	2	云南省社会主义学院	13	1	西北民族大学
7	2	北方民族大学	14	1	广东海洋大学

续表

序号	发文篇次	机构名称	序号	发文篇次	机构名称
15	1	潍坊医学院	26	1	云南师范大学
16	1	滇西科技师范学院	27	1	长江师范学院
17	1	中国人民大学	28	1	广东省民族宗教研究院
18	1	云南民族大学	29	1	佳木斯大学
19	1	国家民族事务委员会	30	1	北京师范大学
20	1	西藏自治区社会科学院	31	1	四川大学
21	1	宜春学院	32	1	青海大学
22	1	江西财经大学	33	1	西北师范大学
23	1	红河学院	34	1	广西师范大学
24	1	西南民族大学	35	1	新疆社会科学院
25	1	甘肃政法学院	36	1	西南政法大学

通过图3-43、表3-10和来源数据库可知，2019年各民族交往交流交融研究领域的发文机构中发文量最多的是南开大学（累计发文3篇次）、新疆师范大学（累计发文3篇次）和中国社会科学院（累计发文3篇次），这表明这些发文机构为2019年各民族交往交流交融研究领域的发展做出了非常重要的贡献，是十分重要的研究力量。其次依次是中央民族大学（累计发文2篇次）、西藏大学（累计发文2篇次）、云南省社会主义学院（累计发文2篇次）、北方民族大学（累计发文2篇次）、兰州大学（累计发文2篇次）、内蒙古师范大学（累计发文1篇次）、内蒙古民族大学（累计发文1篇次）、北京政法职业学院（累计发文1篇次）、中国统一战线理论研究会（累计发文1篇次）、西北民族大学（累计发文1篇次）、广东海洋大学（累计发文1篇次）、潍坊医学院（累计发文1篇次）、滇西科技师范学院（累计发文1篇次）等发文机构，这些发文机构也是促进2019年该研究领域发展的不可忽视的重要研究力量。进一步对这些

发文机构进行分析发现，其主要贡献者来自北方民族大学管理学院、西北师范大学西北少数民族教育发展研究中心、南开大学周恩来政府管理学院、兰州大学西北少数民族研究中心、新疆社会科学院民族研究所、中国社会科学院民族学与人类学研究所、新疆师范大学马克思主义学院、新疆师范大学国际文化交流学院、新疆师范大学学报编辑部、广西师范大学马克思主义学院、四川大学中国西部边疆安全与发展协同创新中心、红河学院人文学院、云南省社会主义学院教研室等二级单位或研究中心，并得到了甘肃政法学院"国家治理协同研究创新团队"项目（甘政院发〔2018〕141号）、国家社会科学基金青年项目"民族团结心理的构建与西北多民族地区社会稳定发展实证研究"（14CMZ004）、国家民委人文社会科学重点研究基地2017年度项目、北方民族大学重点科研项目"民族互嵌与民族团结心理构建：现实背景、理论内涵与实践路径研究"（2015MYA07）、中国博士后科学基金项目（201843XB3820XB）、2019年度国家民委民族问题研究青年项目、教育部人文社会科学重点研究基地重大项目（15JJDZONGHE019）、国家社会科学基金项目"铸牢中华民族共同体意识视角下的各民族交往交流交融研究"（18BMZ007）、国家社会科学基金重点项目"甘肃藏区民族交往交流交融历史、现状及其机制研究"（16AZD040）、中国社会科学院国情调研重大项目"西藏经济社会发展与守边固边治边稳藏调研——以林芝市为例"、国家民委民族研究重点项目"'三区三州'脱贫攻坚研究——以西藏为例"（2018-GMA-003）、国家社科基金西部项目（18XZJ016）、研究阐释党的十九大精神教育部人文社会科学研究专项任务项目（18JF146）、新疆高校科研计划人文社科智库项目、孔子学院情感传播研究（XJEDU2017Z005）、云南省社会主义学院课题"云南民族交往交流交融的历史经验研究"（2016YSKYB04）、国家社科基金青年项目"城镇化进程中民族互嵌型社区的成长机制及其建设模式研究"（15CMZ023）、国家社科基金重点项目"中国边疆学原理研究"（17AZD018）、四川大学杰出青年人才项目（SKQX201729）、四川大学习近平新时代中国特色社会主义思想研究中心研究项目（2018XZX-22）、四川大学一流学科"区域历史与边疆学学科群"项目（XKQQN2018-15）等项目的资助。

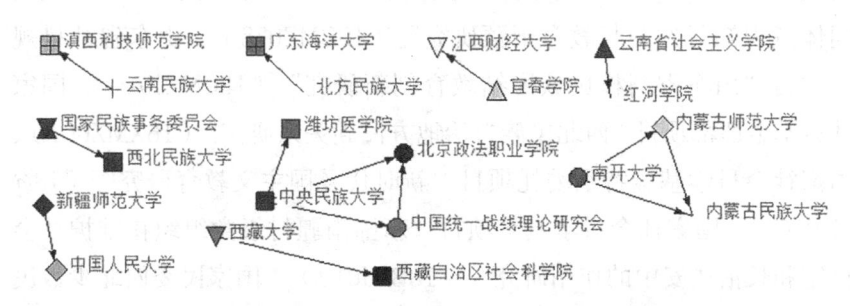

图 3-44　2019 年各民族交往交流交融研究领域的发文机构合作共现知识图谱

通过图 3-44 可知，2019 年各民族交往交流交融研究领域的发文机构之间的学术合作团体包括由滇西科技师范学院和云南民族大学构成的学术合作团队，由广东海洋大学和北方民族大学构成的学术合作团队，由江西财经大学和宜春学院构成的学术合作团队，由中央民族大学、北京政法职业学院、潍坊医学院和中国统一战线理论研究会构成的学术合作团队，由南开大学、内蒙古师范大学和内蒙古民族大学构成的学术合作团队等。结合来源数据库发现，这些学术合作团队发表的文献包括刊载于《广西民族研究》第 3 期的《中华民族共同体意识培育困境及心理学研究进路》、刊载于《民族学刊》第 10 卷第 1 期的《汉藏民族和谐关系与社会稳定——基于青海省海北州海晏县的实证研究》、刊载于《西藏研究》第 6 期的《西藏旅游文化与民族交往交流交融探讨》、刊载于《云南民族大学学报（哲学社会科学版）》第 36 卷第 6 期的《族际交往视域下云南藏区城镇语言使用现状分析——以香格里拉建塘镇为例》、刊载于《民族教育研究》第 30 卷第 4 期的《民族地区铸牢中华民族共同体意识的现实问题及路径选择》、刊载于《黑龙江民族丛刊》第 5 期的《红河南岸民族互嵌式社会结构研究》等，并得到了国家社科基金后期资助项目"新时代民族理论与政策研究"（18FMZ001）、国家民委民族问题研究 2019 年重点项目

"中国共产党近100年民族工作的成就与经验研究"（2019-GMA-002）、国家社科基金重点项目"改革开放四十年中国民族理论发展研究"（18AMZ002）、国家社科基金项目"当代大学生中华民族共同体意识知行冲突与教育干预研究"（19BMZ078）、山东省社科规划项目"山东省高校民族团结教育创新研究"（18CMZJ01）、国家社科基金西部项目"西北民族自治地方民族关系研究"（16XMZ001）、国家社会科学基金特别委托项目"新时代爱国主义教育研究"（18@ZH010）、国家社会科学基金项目"新疆南疆村级党组织在维护社会稳定和长治久安中的作用研究"（18BDJ019）、国家民委西北少数民族社会发展研究基地研究项目"和谐民族关系构建研究"（XJ-201801）、2019年度西藏自治区社会科学院一般项目"坚持维护祖国统一加强民族团结这个着眼点和着力点"（19DZHMZ15）、重大项目"坚持增强五个认同，铸牢中华民族共同体意识研究"（19ADCMZ11）、国家社科基金重大招标项目"西藏及四省藏区民族交往交流交融现状调查研究"（16ZDA154）等项目的资助。

（9）2020年各民族交往交流交融研究领域的发文机构知识图谱分析

按照图3-27对CiteSpace进行设置后，将时间区间（Time Slicing）调整为2020年1月至2020年12月，然后点击软件界面的"GO!"按钮构建2020年各民族交往交流交融研究领域的发文机构知识图谱，如图3-45所示。为更好地展示和厘清2020年各民族交往交流交融研究领域发文机构的合作关系，从CiteSpace导出NetDraw格式的数据，然后将导出的2020年各民族交往交流交融研究领域发文机构的合作信息数据导入NetDraw可视化软件中，构建2020年各民族交往交流交融研究领域的发文机构合作共现知识图谱，运用"Delete isolates"功能和"Delete pendants"功能对生成的发文机构合作共现知识图谱进行处理，从而得到本书展现和分析所用的2020年各民族交往交流交融研究领域的发文机构合作共现知识图谱，如图3-46所示。

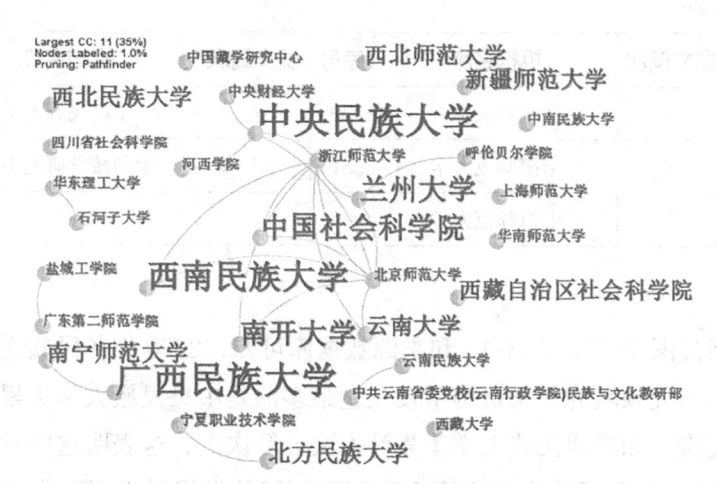

图 3-45　2020 年各民族交往交流交融研究领域的发文机构知识图谱

表 3-11　2020 年各民族交往交流交融研究领域的发文机构列表

序号	发文篇次	机构名称	序号	发文篇次	机构名称
1	5	中央民族大学	14	1	北京师范大学
2	5	广西民族大学	15	1	浙江师范大学
3	4	西南民族大学	16	1	宁夏职业技术学院
4	3	兰州大学	17	1	河西学院
5	3	中国社会科学院	18	1	石河子大学
6	3	南开大学	19	1	中央财经大学
7	2	云南大学	20	1	云南民族大学
8	2	北方民族大学	21	1	呼伦贝尔学院
9	2	南宁师范大学	22	1	中共云南省委党校（云南行政学院）民族与文化教研部
10	2	西北民族大学	23	1	广东第二师范学院
11	2	西藏自治区社会科学院	24	1	盐城工学院
12	2	西北师范大学	25	1	华东理工大学
13	2	新疆师范大学	26	1	四川省社会科学院

续表

序号	发文篇次	机构名称	序号	发文篇次	机构名称
27	1	西藏大学	30	1	中南民族大学
28	1	华南师范大学	31	1	中国藏学研究中心
29	1	上海师范大学			

通过图3-45、表3-11和来源数据库可知，2020年各民族交往交流交融研究领域的发文机构中发文量最多的是中央民族大学（累计发文5篇次）和广西民族大学（累计发文5篇次），这表明这些发文机构为2020年各民族交往交流交融研究领域的发展做出了非常重要的贡献，是十分重要的研究力量。其次依次是西南民族大学（累计发文4篇次）、兰州大学（累计发文3篇次）、中国社会科学院（累计发文3篇次）、南开大学（累计发文3篇次）、云南大学（累计发文2篇次）、北方民族大学（累计发文2篇次）、南宁师范大学（累计发文2篇次）、西北民族大学（累计发文2篇次）、西藏自治区社会科学院（累计发文2篇次）、西北师范大学（累计发文2篇次）、新疆师范大学（累计发文2篇次）、北京师范大学（累计发文1篇次）、浙江师范大学（累计发文1篇次）、宁夏职业技术学院（累计发文1篇次）、河西学院（累计发文1篇次）、石河子大学（累计发文1篇次）等发文机构，这些发文机构也是促进2020年该研究领域发展的不可忽视的重要研究力量。进一步对这些发文机构进行分析发现，其主要贡献者来自云南大学西南边疆少数民族研究中心、华东理工大学马克思主义学院、石河子大学马克思主义学院、中国社会科学院民族学与人类学研究所、西北师范大学西北少数民族教育发展研究中心、四川省社会科学院民族与宗教研究所、四川省社会科学院康藏研究中心、河西学院体育学院、河西学院丝绸之路经济带河西走廊智库、中央民族大学民族学与社会学学院、南宁师范大学经济与管理学院、广西民族大学教育科学学院、广西民族大学民族学与社会学学院、西北民族大学民族学与社会学学院、西北民族大学中国语言文学学部、中

央民族大学藏学院、中央民族大学期刊社、中央民族大学民族学与社会学学院等二级单位或研究中心，并得到了云南省哲学社会科学规划项目"移动互联网时代的云南民族团结研究"（QN2018023）、云南大学民族学一流学科建设项目"移动互联网时代民族团结示范区建设的挑战与对策"（2017SYL0054）、新疆生产建设兵团社科基金项目"文化自信融入兵团高校思想政治教育的路径研究"（18YB20）、国家社科基金专项研究项目"历史经验与铸牢中华民族共同体意识——中华民族共同体的形成和发展研究"（20VMZ001）、教育部人文社会科学重点研究基地重大项目"中国西部民族地区宗教舆情与监测研究"（16JJD850018）、云南民族大学民族团结进步理论与实践协同创新中心资助项目（60335004）、国家社会科学基金一般项目"西北民族走廊上的文化交融与族群关系研究"（13BMZ049）、国家民委中青年英才计划（〔2014〕121号）、国家民委民族问题研究优秀中青年专家项目"民族交往交流交融与中华民族多元一体研究：以民族院校为个案"（2019-GME-061）、国家民委民族问题研究青年项目"中华民族共同体意识的社会心理机制研究"（2019-GMC-002）、国家社科基金课题"长江上游民族地区生态移民综合调查研究"（17XMZ036）、国家社科基金重大项目"'一带一路'沿线各国民族志研究及数据库建设"（17ZDA155）、国家社科基金西部项目"裕固族民间传统体育文化研究"（16XTY008）、教育部人文社会科学基金项目"'一带一路'背景下维护西南跨境民族文化安全的双语教育发展策略研究"（18XJC850003）、广西哲学社会科学规划研究课题"民汉双语教师教学能力发展指标框架研究"（15CYY005）、国家社会科学基金项目"岭南民族交往交流交融的历史与现状研究"（19BMZ125）、广西哲学社会科学规划研究课题"中越边境固边睦邻建设与壮族边民国家意识研究"（18BMZ006）、广西高等学校千名中青年骨干教师培育计划资助项目等项目的资助。

通过图3-46可知，2020年各民族交往交流交融研究领域的发文机构之间的学术合作团体包括由华东理工大学和石河子大学构成的学

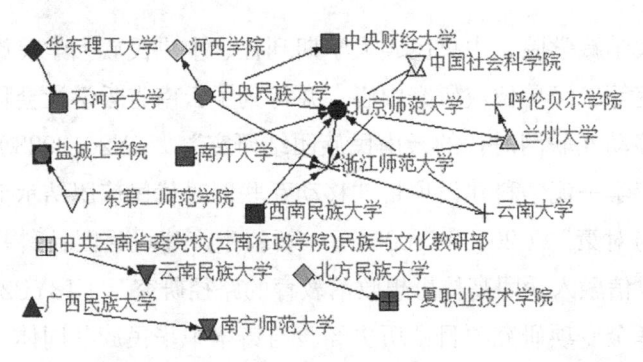

图 3-46 2020 年各民族交往交流交融研究领域的发文机构合作共现知识图谱

术合作团队，由中央民族大学、河西学院、中央财经大学、北京师范大学、兰州大学、浙江师范大学、云南大学和西南民族大学等构成的学术合作团队，由北方民族大学和宁夏职业技术学院构成的学术合作团队，由广西民族大学和南宁师范大学构成的学术合作团队，由云南民族大学和中共云南省委党校（云南行政学院）民族与文化教研部构成的学术合作团队等。结合来源数据库发现，这些学术合作团队发表的文献包括刊载于《贵州民族研究》第 41 卷第 5 期的《十年来各民族交往交流交融研究综述》、刊载于《云南行政学院学报》第 22 卷第 6 期的《新时代涉藏地区铸牢中华民族共同体意识的实践——以云南省迪庆藏族自治州为例》、刊载于《广西民族研究》第 5 期的《论加强各民族交往交流交融的内涵辨析、理论释析与教育路径探析》、刊载于《民族教育研究》第 31 卷第 3 期的《交往交流交融视域下内地班少数民族学生的社会心态研究——以江苏省 Y 市内高班为例》、刊载于《贵州民族研究》第 41 卷第 5 期的《"一带一路"背景下促进我国边境地区各民族交往交流交融的教育使命与路径》、刊载于《湖北民族大学学报（哲学社会科学版）》第 38 卷第 1 期的《身体语言表达、族群记忆 DNA 与族际文化互惠——赛罕塔拉裕固族"赛马"的意义》、刊载于《广西民族研究》第 2 期的《关系理性视角下铸就中华民族共同体研究》等，并得到了国家社会科学基金项目"新时代边疆民族地区铸牢中华民族共同体意识面临的问题与对策研究"

（18BKS121）、国家社科基金一般项目"西南边境民族地区农村贫困家庭子女贫困再生产的发生归因及其干预研究"（17BSH070）、国家社会科学基金一般项目"大数据背景下华东地区新疆籍少数民族群众社会心态研究"（18BMZ110）、国家社科基金重大项目"'一带一路'沿线各国民族志研究及数据库建设"（17ZDA155）、国家社科基金西部项目"裕固族民间传统体育文化研究"（16XTY008）、2017年江苏盐城市"515"领军人才项目"江苏对口支援背景下的新疆少数民族社会心态研究"、教育部人文社会科学基金项目"'一带一路'背景下维护西南跨境民族文化安全的双语教育发展策略研究"（18XJC850003）、广西哲学社会科学规划研究课题"民汉双语教师教学能力发展指标框架研究"（15CYY005）、广西高等学校千名中青年骨干教师培育计划资助项目、新疆生产建设兵团社科基金项目"文化自信融入兵团高校思想政治教育的路径研究"（18YB20）等项目的资助。

（10）2021年各民族交往交流交融研究领域的发文机构知识图谱分析

按照图3-27对CiteSpace进行设置后，将时间区间（Time Slicing）调整为2021年1月至2021年12月，然后点击软件界面的"GO!"按钮构建2021年各民族交往交流交融研究领域的发文机构知识图谱，如图3-47所示。为更好地展示和厘清2021年各民族交往交流交融研究领域的发文机构的合作关系，从CiteSpace导出NetDraw格式的数据，然后将导出的2021年各民族交往交流交融研究领域的发文机构合作信息数据导入NetDraw可视化软件中，构建2021年各民族交往交流交融研究领域的发文机构合作共现知识图谱，运用"Delete isolates"功能和"Delete pendants"功能对生成的发文机构合作共现知识图谱进行处理，从而得到本研究展现和分析所用的2021年各民族交往交流交融研究领域的发文机构合作共现知识图谱，如图3-48所示。

通过图3-47、表3-12和来源数据库可知，2021年各民族交往交流交融研究领域的发文机构中发文量最多的是中央民族大学（累计发

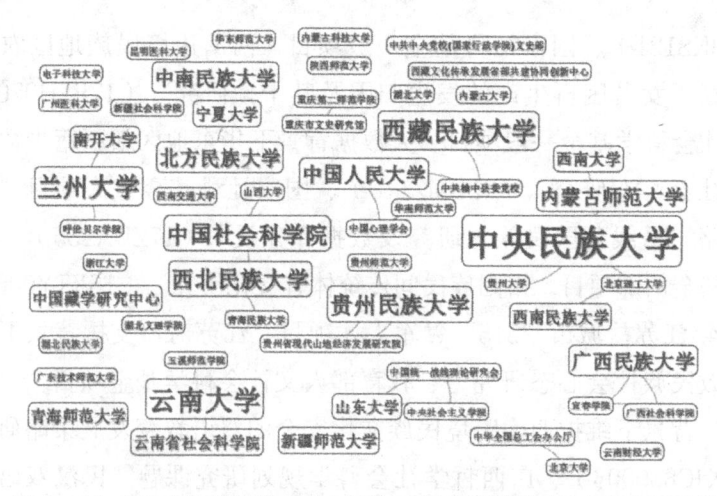

图 3-47　2021年各民族交往交流交融研究领域的发文机构知识图谱

表 3-12　2021年各民族交往交流交融研究领域的发文机构列表

序号	发文篇次	机构名称	序号	发文篇次	机构名称
1	12	中央民族大学	15	2	西南大学
2	6	云南大学	16	2	中国藏学研究中心
3	5	兰州大学	17	2	南开大学
4	5	西藏民族大学	18	2	宁夏大学
5	4	中国社会科学院	19	2	云南省社会科学院
6	4	西北民族大学	20	2	新疆师范大学
7	4	贵州民族大学	21	2	青海师范大学
8	3	中国人民大学	22	1	贵州师范大学
9	3	内蒙古师范大学	23	1	中国心理学会
10	3	广西民族大学	24	1	宜春学院
11	3	北方民族大学	25	1	中共榆中县委党校
12	3	中南民族大学	26	1	北京理工大学
13	2	山东大学	27	1	广西社会科学院
14	2	西南民族大学	28	1	华南师范大学

续表

序号	发文篇次	机构名称	序号	发文篇次	机构名称
29	1	中国统一战线理论研究会	44	1	内蒙古大学
30	1	贵州省现代山地经济发展研究院	45	1	昆明医科大学
31	1	中央社会主义学院	46	1	西藏文化传承发展省部共建协同创新中心
32	1	青海民族大学	47	1	湖北大学
33	1	浙江大学	48	1	湖北民族大学
34	1	北京大学	49	1	新疆社会科学院
35	1	呼伦贝尔学院	50	1	西南交通大学
36	1	贵州大学	51	1	湖北文理学院
37	1	重庆市文史研究馆	52	1	广东技术师范大学
38	1	重庆第二师范学院	53	1	云南财经大学
39	1	山西大学	54	1	华东师范大学
40	1	中华全国总工会办公厅	55	1	陕西师范大学
41	1	电子科技大学	56	1	中共中央党校（国家行政学院）文史部
42	1	广州医科大学	57	1	内蒙古科技大学
43	1	玉溪师范学院			

文12篇次），这表明中央民族大学为2021年该研究领域的发展做出了非常重要的贡献，是十分重要的研究力量。其次依次是云南大学（累计发文6篇次）、兰州大学（累计发文5篇次）、西藏民族大学（累计发文5篇次）、中国社会科学院（累计发文4篇次）、西北民族大学（累计发文4篇次）、贵州民族大学（累计发文4篇次）、中国人民大学（累计发文3篇次）、内蒙古师范大学（累计发文3篇次）、广西民族大学（累计发文3篇次）、北方民族大学（累计发文3篇次）、中南民族大学（累计发文3篇次）、山东大学（累计发文2篇次）、

西南民族大学（累计发文2篇次）、西南大学（累计发文2篇次）、中国藏学研究中心（累计发文2篇次）、南开大学（累计发文2篇次）、宁夏大学（累计发文2篇次）、云南省社会科学院（累计发文2篇次）、新疆师范大学（累计发文2篇次）、青海师范大学（累计发文2篇次）等发文机构，这些发文机构也是促进2021年该研究领域发展的不可忽视的重要研究力量。进一步对这些发文机构进行分析发现，其主要贡献者来自青海师范大学地理科学学院、青海师范大学经济管理学院、兰州大学西北少数民族研究中心、西南大学历史文化学院 民族学院、中南民族大学公共管理学院、中国藏学研究中心社会经济研究所、中国藏学研究中心办公室秘书处、浙江大学铸牢中华民族共同体意识研究培育基地、云南大学民族政治研究院、青海师范大学历史学院、宁夏大学西夏学研究院、云南大学历史与档案学院、玉溪师范学院马克思主义学院、北方民族大学学报编辑部、北方民族大学民族学学院、北京大学政府管理学院、北京大学公共治理研究所、中华全国总工会办公厅、南开大学周恩来政府管理学院、西藏民族大学法学院、中国人民大学社会与人口学院、贵州民族大学中华民族共同体研究基地、山西大学哲学社会学学院等二级单位或研究中心，并得到了教育部规划基金项目（西部）"西部民族地区中华民族共同体意识培育和教育的路径选择研究"（19XJA710002）、中央高校基本科研业务重点项目"乡村振兴视域下新时代西南民族地区移风易俗路径创新研究"（SWU2109235）、国家民委民族研究项目"乡村振兴视域下新时代民族乡发展路径探析"（2019-GMG-029）、教育部人文社会科学基金青年项目"多元经营主体格局下民族山区土地流转影响因素及提升机制研究"（BSQ17007）、国家民委民族研究项目"马克思主义民族学原理"（2018-GMF-005）、国家社会科学基金重点项目"中华民族共同体意识的形成与发展研究"（18AMZ2004）、国家社会科学基金项目"基于创新社会治理视角的西藏深化藏、汉交流交往交融的条件和机制研究"（17XSH013）、云南大学边疆治理与地缘政治学科（群）特区高端科研成果培育项目"民族与国家视野中西南边疆乌蛮的历史过程研究"（Y2018-10）、教育部哲学社会科学研究重大课题攻关项目"健全民族团结进步教育常态化机制研究"（18JZD054）、国家社会科学基金重大项目"西夏通志"（15ZDB031）、2020年国家民委创新团队立项项目"铸牢中华民族共同体意识视域下宁夏生态移民与民族互嵌社区建设研究"、国家社会科学基金项目"新时代甘宁青地区生态文明建设与筑牢生态屏障路径研究"（19BMZ149）、国家社科基金专项研究项目"历史经验与铸牢中华民族共同体意识——中华民族共同体的形成和发展研究"（20VMZ001）、中国社会科学院重大科研项目"铸牢中华民族共同体意识重大问题研究"（2019ZDGH017）、国家社会科学基金青年项目"贫困山区农户生计转型对生态产品供给能力的影响及提升对策研究"（GSQ20003）、四川省哲学社会科学重点研究基地青藏高原经济社会与文化发展研究中心项目"赵尔丰川边新政与康区民族融合研究"（QZY1809）、四川省"十三五"社会科学研究规划项目"近现代康区治理与开发研究"（SC20B153）、国家社会科学基金重大项目"我国边疆治理体系和治理能力现代化的系统理论及指数化研究"（16ZDA058）、云南大学铸牢中华民族共同体意识研究基地项目"交往媒介变革与中华民族共同体的建构"（Z2020-03）、四川省教育厅项目"交通强国的中国实践研究"（XJQ18002）等项目的资助。

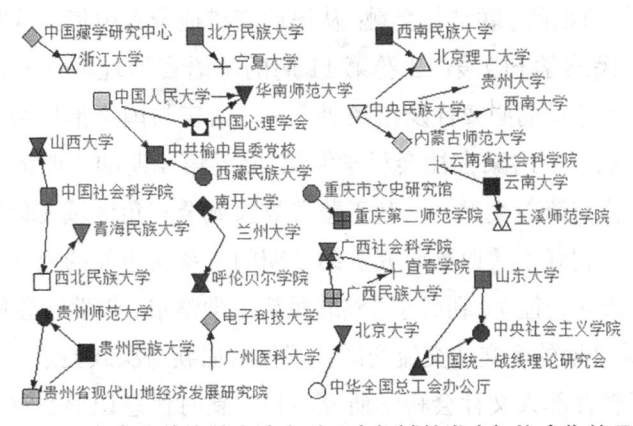

图3-48 2021年各民族交往交流交融研究领域的发文机构合作共现知识图谱

通过图 3-48 可知，2021 年各民族交往交流交融研究领域的发文机构之间的学术合作团体包括由中国藏学研究中心和浙江大学构成的学术合作团队，由中国心理学会、华南师范大学、中国人民大学、中共榆中县委党校和西藏民族大学构成的学术合作团队，由西北民族大学、青海民族大学、中国社会科学院和山西大学构成的学术合作团队，由内蒙古师范大学、西南大学、中央民族大学、贵州大学、北京理工大学和西南民族大学构成的学术合作团队，由广西社会科学院、宜春学院和广西民族大学构成的学术合作团队，由兰州大学、南开大学和呼伦贝尔学院等构成的学术合作团队，由云南省社会科学院、云南大学和玉溪师范学院构成的学术合作团队等。结合来源数据库发现，这些学术合作团队发表的文献包括刊载于《湖南社会科学》第 6 期的《多民族互嵌式社会结构中的中华民族共同体建设》、刊载于《北方民族大学学报（哲学社会科学版）》第 6 期的《民族院校铸牢中华民族共同体意识的实践研究》、刊载于《贵州民族研究》第 42 卷第 5 期的《民汉混合班铸牢大学生中华民族共同体意识的逻辑探索——基于群际接触理论分析》、刊载于《贵州民族研究》第 42 卷第 6 期的《交往、交流、交融过程中清水江流域民族文化共享研究》、刊载于《西北民族研究》第 3 期的《河湟走廊上的民族交往交流交融——以临夏州唐汪人为例》、刊载于《中国藏学》第 1 期的《铸牢中华民族共同体意识视域下的藏传佛教中国化》、刊载于《西南民族大学学报（人文社会科学版）》第 42 卷第 10 期的《联结与交融：从民族交错地带看中华民族共同体》、刊载于《民族学刊》第 12 卷第 11 期的《语言治理融入各民族相互嵌入式社区建设的必要性及路径研究——语言与国家治理系列研究之六》、刊载于《内蒙古社会科学》第 42 卷第 4 期的《明清时期蒙汉民族的交往交流与交融——基于蒙晋冀长城金三角区域文化遗产的调查研究》、刊载于《西藏研究》第 2 期的《系在边疆的家国：人类学视野下的族际交往》、刊载于《湖北民族大学学报（哲学社会科学版）》第 39 卷第 2 期的《交往交流交融：明代哈尼族与汉族关系述论》等，并得到了教育部人文社会科学研究项目"新时代意识形态空间传播与认同研究"（20YJC710098）、广东省高校思想政治教育课题"统筹推进大中小学思政课一体化建设研究"（2019GXSZ135）、国家社科基金重大项目"中国岭南传统村落保护与利用研究"（17ZDA165）、国家社科基金重点项目"黔桂界邻地区少数民族石体资料的收集、整理与研究"（18AMZ0011）、教育部课题"民族地区中小学中华民族共同体意识构建机制研究"（MJZXHZ19008）、教育部项目"基于语言经济学视角的少数民族地区推普的精准扶贫效应评估及完善路径研究"（19YJA790054）、国家社科重大专项"'五个认同'视域下西南民族地区各民族有序参与基层治理的理论逻辑及实践路径研究"（20VMZ004）、国家社科基金专项研究项目"历史经验与铸牢中华民族共同体意识——中华民族共同体的形成和发展研究"（20VMZ001）、中国社会科学院重大科研项目"铸牢中华民族共同体意识重大问题研究"（2019ZDGH017）、国家社会科学基金重点项目"中华民族共同体意识的形成与发展研究"（18AMZ2004）、云南大学边疆治理与地缘政治学科（群）特区高端科研成果培育项目"民族与国家视野中西南边疆乌蛮的历史过程研究"（Y2018-10）、国家社会科学基金项目"基于创新社会治理视角的西藏深化藏、汉交流交往交融的条件和机制研究"（17XSH013）、宁夏社会主义学院课题"中华民族传统节日与铸牢中华民族共同体意识"（2019W01）、国家社会科学基金重点项目"多元一体视角下民族地区学校教育中的族群认同与国家认同研究"（19AMZ012）、2021年度南开大学文科发展基金科学研究类项目"国家认同教育的地方性实践"（ZB21BZ0110）、广州市哲学社会科学发展"十三五"规划一般课题"广州市多元文化交汇中核心价值观研究"（2016GZMZYB02）、国家社会科学基金项目"铸牢中华民族共同体意识视角下河西走廊民族交往交流交融研究"（20BMZ042）、北方民族大学校级教改重点项目"民族院校铸牢中华民族共同体意识融入思政课建设路径研究——以北方民族大学为例"、国家社会科学基金项目"子女教育与社会阶层再生产研究"（20BSH056）等项目的资助。

（11）2022年各民族交往交流交融研究领域的发文机构知识图谱分析

按照图3-27对CiteSpace进行设置后，将时间区间（Time Slicing）调整为2022年1月至2022年12月，然后点击软件界面的"GO！"按钮构建2022年各民族交往交流交融研究领域的发文机构知识图谱，如图3-49所示。为更好地展示和厘清2022年各民族交往交流交融研究领域的发文机构的合作关系，从CiteSpace导出NetDraw格式的数据，然后将导出的2022年各民族交往交流交融研究领域的发文机构合作信息数据导入NetDraw可视化软件中，构建2022年各民族交往交流交融研究领域的发文机构合作共现知识图谱，运用"Delete isolates"功能和"Delete pendants"功能对生成的发文机构合作共现知识图谱进行处理，从而得到本研究展现和分析所用的2022年各民族交往交流交融研究领域的发文机构合作共现知识图谱，如图3-50所示。

图3-49 2022年各民族交往交流交融研究领域的发文机构知识图谱

表 3-13　2022 年各民族交往交流交融研究领域的发文机构列表

序号	发文篇次	机构名称	序号	发文篇次	机构名称
1	12	云南大学	24	1	北海艺术设计学院
2	11	中央民族大学	25	1	厦门大学
3	9	四川大学	26	1	贵州黔南科技学院
4	8	中南民族大学	27	1	贵州民族大学
5	6	西南民族大学	28	1	四川省社会科学院
6	6	中国社会科学院	29	1	广西经贸职业技术学院
7	5	南开大学	30	1	呼和浩特民族学院
8	5	兰州大学	31	1	清华大学
9	4	广西民族大学	32	1	南昌工学院
10	4	云南师范大学	33	1	河南工业大学
11	4	北方民族大学	34	1	宜春学院
12	3	陕西师范大学	35	1	宁夏回族自治区博物馆
13	3	吉首大学	36	1	宁夏回族自治区文化和旅游厅
14	3	湖北民族大学	37	1	南宁师范大学
15	3	西藏大学	38	1	铜仁学院
16	2	西南大学	39	1	中国政法大学
17	2	西藏民族大学	40	1	普洱学院
18	2	大理大学	41	1	西华师范大学
19	2	烟台大学	42	1	中共包头市委员会党校政治学教研室
20	2	中国人民大学	43	1	武警警官学院
21	2	安徽大学	44	1	广西民族师范学院
22	1	贵阳人文科技学院	45	1	中国历史研究院
23	1	贵州师范大学	46	1	云南艺术学院

续表

序号	发文篇次	机构名称	序号	发文篇次	机构名称
47	1	国家民族事务委员会	62	1	中共西藏自治区委员会党校
48	1	广州中医药大学	63	1	广东技术师范大学
49	1	武汉大学	64	1	西北民族大学
50	1	南通大学	65	1	重庆科技学院
51	1	新疆大学	66	1	喀什大学
52	1	曲阜师范大学	67	1	河北大学
53	1	北京外国语大学	68	1	复旦大学
54	1	西藏自治区社会科学院	69	1	云南民族大学
55	1	北京大学	70	1	西昌学院
56	1	中国藏学研究中心	71	1	广西艺术学院
57	1	人民教育出版社历史编辑室	72	1	景德镇陶瓷大学
58	1	延边大学	73	1	东华理工大学
59	1	武汉科技大学	74	1	广州大学体育学院
60	1	北京邮电大学	75	1	三峡大学
61	1	广西民族研究中心	76	1	东北财经大学

通过图3-49、表3-13和来源数据库可知，2022年度各民族交往交流交融研究领域的发文机构中发文量最多的是云南大学（累计发文12篇次），这表明云南大学为2022年各民族交往交流交融研究领域的发展做出了非常重要的贡献，是十分重要的研究力量。其次依次是中央民族大学（累计发文11篇次）、四川大学（累计发文9篇次）、中南民族大学（累计发文8篇次）、西南民族大学（累计发文6篇次）、中国社会科学院（累计发文6篇次）、南开大学（累计发文5篇次）、

兰州大学（累计发文5篇次）、广西民族大学（累计发文4篇次）、云南师范大学（累计发文4篇次）、北方民族大学（累计发文4篇次）、陕西师范大学（累计发文3篇次）、吉首大学（累计发文3篇次）、湖北民族大学（累计发文3篇次）、西藏大学（累计发文3篇次）、西南大学（累计发文2篇次）、西藏民族大学（累计发文2篇次）、大理大学（累计发文2篇次）、烟台大学（累计发文2篇次）、中国人民大学（累计发文2篇次）、安徽大学（累计发文2篇次）等发文机构，这些发文机构也是促进2022年该研究领域发展的不可忽视的重要研究力量。进一步对这些发文机构进行分析发现，其主要贡献者来自西昌学院外国语学院、吉首大学体育科学学院、广州中医药大学体育健康学院、宜春学院农村社会建设研究中心、南昌工学院系统观念研究中心、三峡大学民族学院、北京外国语大学国际关系学院、西藏自治区社会科学院、中国藏学研究中心宗教研究所、西藏大学马克思主义学院、宁夏回族自治区博物馆、宁夏回族自治区文化和旅游厅、四川大学中国藏学研究所、四川大学历史文化学院、河南工业大学马克思主义学院、铜仁学院武陵民族文化研究中心、兰州大学西北少数民族研究中心、西北民族大学音乐学院、中南民族大学民族学与社会学学院、中央民族大学管理学院、普洱学院马克思主义学院、清华大学社会科学学院、中国社会科学院民族学与人类学研究所/铸牢中华民族共同体意识研究基地、中国社会科学院大学社会与民族学院、云南大学民族政治研究院、云南大学政府管理学院、四川大学中国藏学研究所、陕西师范大学宗教研究中心等二级单位或研究中心，并得到了国家社会科学基金青年项目"道路建设对凉山彝族社会的影响研究"（20CMZ022）、国家社会科学基金重点项目"苗疆传统体育文献采辑与整理研究"（19ATY001）、研究阐释十九届五中全会精神国家社科基金重大项目"全面提高边疆民族地区公共安全保障能力研究"（21ZDA116）、国家社会科学基金项目"近代以来社会转型进程中西北回族经济网络研究"（17BMZ022）、国家社会科学基金项目"长三角地区少数民族人口流动与民族交往交流交融研究"（21AMZ005）、中国博士后科学基金资助项目"甘肃南部藏汉杂居区'沙目'圈舞音乐文化研究"（2019M650996）、中国社会科学院创新工程重大科研规划项目"铸牢中华民族共同体意识重大问题研究"（2019ZDGH017）、国家社会科学基金项目"贡山独龙族怒族自治县贫困治理经验及其可持续发展研究"（20BMZ136）、国家社会科学基金专项项目"中华民族共同体理论体系研究"（21VMZ006）、国家社会科学基金项目"中华民族复兴进程中的国民整体性塑造研究"（20BZZ006）、国家民委民族研究重点项目"中国共产党铸牢中华民族共同体意识的机制与路径研究"（2021-GMA-001）、国家社科基金"冷门'绝学'和国别史等研究专项"项目"意大利藏《百苗图》民国初年临抄本的鉴定、整理与研究"（2018VJX044）、河南工业大学习近平新时代中国特色社会主义思想研究专项课题"习近平总书记关于铸牢中华民族共同体意识重要论述研究"（HAUTZX202205）、国家社会科学基金一般项目"百年来湘西苗族乡村治理的历史体验研究"（GSZ19003）、江西省高校人文社会科学研究项目"清中后期（1729—1911）武陵民族地区酉水流域基于桐油贸易的民族交融研究"（MZ19204）、中央四部委"四川大学铸牢中华民族共同体意识研究基地"专项、东华理工大学博士科研启动基金项目"清中后期（1729—1911）酉水流域桐油贸易与城镇化进程研究"（DHBK2019358）、国家社会科学基金项目"乡村主体视野下武陵民族地区传统村落振兴发展研究"（18BMZ075）、国家社会科学基金重点项目"多民族发展中国家政治整合经验教训及其对我国启示研究"（18AZZ001）、2021年度西藏自治区哲学社会科学专项资金青年项目"西藏世居穆斯林研究"（21CMZ01）、2020年度西藏大学研究生高水平人才培养计划项目"拉萨世居穆斯林日常生活史的调查与研究"（2020-GSP-B042）等项目的资助。

通过图3-50可知，2022年各民族交往交流交融研究领域的发文机构之间的学术合作团体包括由中央民族大学、南宁师范大学、普洱学院、贵州民族大学、贵阳人文科技学院、北海艺术设计学院、云南师范大学、广西民族大学等构成的学术合作团队，由大理大学、云南

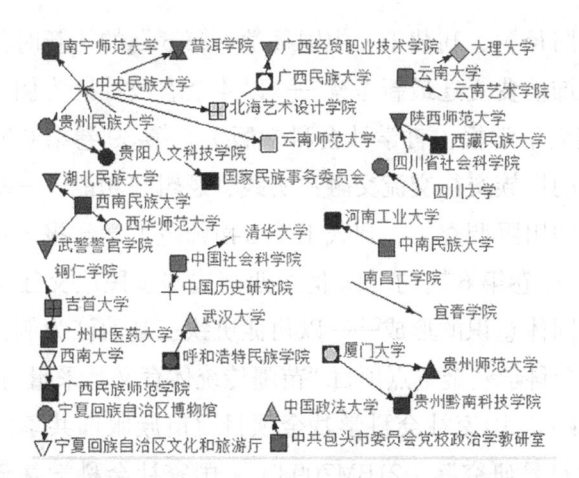

图 3-50　2022 年各民族交往交流交融研究领域的发文机构合作共现知识图谱

大学和云南艺术学院构成的学术合作团队，由西南民族大学、湖北民族大学、西华师范大学和武警警官学院构成的学术合作团队，由中国社会科学院、中国历史研究院和清华大学构成的学术合作团队，由铜仁学院、吉首大学和广州中医药大学构成的学术合作团队，由厦门大学、贵州师范大学和贵州黔南科技学院构成的学术合作团队，由西南大学和广西民族师范学院构成的学术合作团队等。结合来源数据库发现，这些学术合作团队发表的文献包括刊载于《体育学刊》第 29 卷第 1 期的《交往交流交融：苗疆传统体育铸牢中华民族共同体意识的三重路径》、刊载于《宁夏社会科学》第 6 期的《长城宁夏段见证历史上多民族交往交流交融》、刊载于《贵州民族研究》第 43 卷第 1 期的《从符号学角度谈方南苗族服饰中苗龙的文化表达》、刊载于《民族论坛》第 2 期的《守望相助：清代归绥地区各民族的交往交流交融》、刊载于《原生态民族文化学刊》第 14 卷第 6 期的《从〈百苗图〉各抄本看贵州多民族交往交流交融》、刊载于《黑龙江民族丛刊》第 5 期的《群际接触理论下深化民族团结进步教育的机理与路径》、刊载于《北方民族大学学报（哲学社会科学版）》第 1 期的《茶马互市与民族交往交流交融述论》、刊载于《云南师范大学学报（哲学社会科学版）》第 54 卷第 5 期的《新时代各民族交往交流交融的现实境遇和突破路径》、刊载于《中国藏学》第 5 期的《新时代西藏农牧民食品和服饰消费变迁最新考察——以 4 个农牧社区为例》、刊载于《云南民族大学学报（哲学社会科学版）》第 39 卷第 6 期的《族际互惠视角下的民族交往交流交融：实践、逻辑与功能——基于怒江傈僳族自治州的田野调查》、刊载于《云南师范大学学报（哲学社会科学版）》第 54 卷第 6 期的《18 世纪西南边疆多民族交往交流交融与中华民族共同体意识的形成——以司徒班钦三赴丽江为例》等，并得到了国家社会科学基金重点项目"苗疆传统体育文献采辑与整理研究"（19ATY001）、国家社会科学基金项目"苗族服饰共享的集体记忆与中华文化符号研究"（21BMZ093）、国家社会科学基金重大项目"中华民族伟大复兴视域下民族事务治理法治化研究"（19ZDA170）、中央四部委"四川大学铸牢中华民族共同体意识研究基地"专项、中国社会科学院创新工程重大科研规划项目"铸牢中华民族共同体意识重大问题研究"（2019ZDGH017）、国家社会科学基金项目"贡山独龙族怒族自治县贫困治理经验及其可持续发展研究"（20BMZ136）、国家社会科学基金项目"西藏农牧区脱贫致富进程中的传统观念转型现状调查研究"（19XMZ082）、广西中华民族共同体意识研究院重点项目"铸牢中华民族共同体意识视域下西南地区少数民族文化创新交融研究"（2020GXMGY0213）、国家社科基金"冷门'绝学'和国别史等研究专项"项目"意大利藏《百苗图》民国初年临抄本的鉴定、整理与研究"（2018VJX044）、研究阐释十九届五中全会精神国家社科基金重大项目"全面提高边疆民族地区公共安全保障能力研究"（21ZDA116）、广西中华民族共同体意识研究院 2021 年开放性课题"铸牢中华民族共同体意识的通识教育模式构建研究"（2021GXMGY0305）、广西民族大学人才引进项目"民族高校通识教育共识性构建研究"（2021SKQD09）、河南工业大学习近平新时代中国特色社会主义思想研究专项课题"习近平总书记关于铸牢中华民族共同体意识重要论述研究"（HAUTZX202205）等项目的资助。

第三节 载文期刊

　　载文期刊知识图谱分析是以刊载各民族交往交流交融研究领域学术成果的期刊为统计指标，以揭示各民族交往交流交融研究领域的载文期刊、高产载文期刊及核心载文期刊等对象的分布情况，以为未来各民族交往交流交融研究领域的深度研究运用提供参考资料的来源对象，以提高各民族交往交流交融研究领域学术成果投稿的精准性和发表快捷性，从而加快各民族交往交流交融研究领域学术成果的传播速率和投放的精准度。如河海大学经济与金融学院张钰宁等的《基于知识图谱的中国水足迹研究进展分析》一文通过对 2003—2021 年中国水足迹研究领域的载文期刊的分析发现，这段时间该研究领域已初步形成了以《生态学报》《资源科学》《自然资源学报》等为代表的高产载文期刊[1]；吉林工程技术师范学院闫玉娟的《基于知识图谱的国内外高阶思维的现状比较与发展研究》一文通过对 2012—2022 年国内外高阶思维研究领域的载文期刊的分析发现，这段时间该研究领域已初步形成了以《电化教育研究》、*Journal of Physics Confere Series*、《中国电化教育》、*Inted Proceedings*、《现代教育技术》、*Aip Conference Proceedings* 等为代表的高产载文期刊[2]；成都中医药大学眼科学院刘春等的《中医药治疗白内障的 CiteSpace 知识图谱分析》一文通过对 1957 年 4 月至 2022 年 6 月中医药治疗白内障研究领域的载文期刊的分析发现，这段时间该研究领域已初步形成以《中国中医眼科杂志》《国际眼科杂志》《中西医结合眼科杂志》《江西中医药》《辽宁中医杂志》等为代表的高产载文期刊[3]；等等。

---

[1] 张钰宁，景晓栋，田贵良.基于知识图谱的中国水足迹研究进展分析[J].人民长江，2023，54(04)：114-122.
[2] 闫玉娟.基于知识图谱的国内外高阶思维的现状比较与发展研究[J].吉林工程技术师范学院学报，2023，39(05)：87-91.
[3] 刘春，王露瑶，段俊国.中医药治疗白内障的 CiteSpace 知识图谱分析[J].成都中医药大学学报，2023，46(02)：65-72.

本小节主要通过载文期刊的整体性分析和载文期刊的阶段性分析两部分对刊载各民族交往交流交融研究领域学术成果的载文期刊进行相关科学知识图谱的构建、梳理和分析，以揭示刊载各民族交往交流交融研究领域学术成果的载文期刊在各个时期的分布情况。

一、载文期刊的整体性分析

据统计，346篇与各民族交往交流交融研究有关的学术论文共涉及67种载文期刊，如表3-15所示。这67种载文期刊按布拉德福定律划分的三个分区情况详见表3-14所示，当前各民族交往交流交融研究领域的载文期刊分布图详见图3-51。

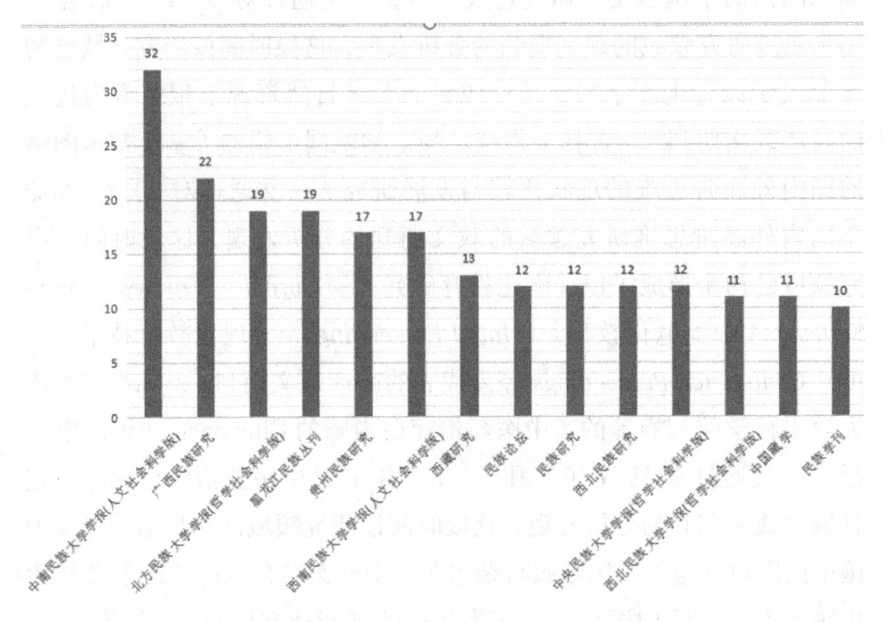

图3-51 当前各民族交往交流交融研究领域的载文期刊分布图（载文量≥10篇次）

表 3-14 各民族交往交流交融研究领域的载文期刊分区表

分区	载文期刊种数	总载文量（篇次）	载文量比例
核心区 N1	6	126	36.42%
相关区 N2	11	117	33.82%
外围区 N3	50	103	29.77%

表 3-15 各民族交往交流交融研究领域的载文期刊列表

序号	载文期刊名称	载文篇数	占总载文比例	累计占总载文比例
1	中南民族大学学报（人文社会科学版）	32	9.25%	9.25%
2	广西民族研究	22	6.36%	15.61%
3	北方民族大学学报（哲学社会科学版）	19	5.49%	21.10%
4	黑龙江民族丛刊	19	5.49%	26.59%
5	贵州民族研究	17	4.91%	31.50%
6	西南民族大学学报（人文社会科学版）	17	4.91%	36.42%
7	西藏研究	13	3.76%	40.17%
8	民族论坛	12	3.47%	43.64%
9	民族研究	12	3.47%	47.11%
10	西北民族研究	12	3.47%	50.58%
11	中央民族大学学报（哲学社会科学版）	12	3.47%	54.05%
12	西北民族大学学报（哲学社会科学版）	11	3.18%	57.23%
13	中国藏学	11	3.18%	60.40%
14	民族学刊	10	2.89%	63.29%
15	湖北民族大学学报（哲学社会科学版）	8	2.31%	65.61%
16	民族教育研究	8	2.31%	67.92%
17	西藏民族大学学报（哲学社会科学版）	8	2.31%	70.23%

续表

序号	载文期刊名称	载文篇数	占总载文比例	累计占总载文比例
18	云南民族大学学报（哲学社会科学版）	8	2.31%	72.54%
19	西藏大学学报（社会科学版）	7	2.02%	74.57%
20	新疆师范大学学报（哲学社会科学版）	7	2.02%	76.59%
21	思想战线	6	1.73%	78.32%
22	新疆社会科学	5	1.45%	79.77%
23	烟台大学学报（哲学社会科学版）	5	1.45%	81.21%
24	云南师范大学学报（哲学社会科学版）	5	1.45%	82.66%
25	江苏大学学报（社会科学版）	3	0.87%	83.53%
26	旅游学刊	3	0.87%	84.39%
27	青海民族研究	3	0.87%	85.26%
28	青海社会科学	3	0.87%	86.13%
29	西北师大学报（社会科学版）	3	0.87%	86.99%
30	广西民族大学学报（哲学社会科学版）	2	0.58%	87.57%
31	红旗文稿	2	0.58%	88.15%
32	宁夏社会科学	2	0.58%	88.73%
33	人民论坛	2	0.58%	89.31%
34	学术界	2	0.58%	89.88%
35	学术探索	2	0.58%	90.46%
36	中国边疆史地研究	2	0.58%	91.04%
37	北京体育大学学报	1	0.29%	91.33%
38	当代教育与文化	1	0.29%	91.62%
39	党的文献	1	0.29%	91.91%
40	广西社会科学	1	0.29%	92.20%
41	贵州社会科学	1	0.29%	92.49%
42	哈尔滨工业大学学报（社会科学版）	1	0.29%	92.77%

续表

序号	载文期刊名称	载文篇数	占总载文比例	累计占总载文比例
43	湖南社会科学	1	0.29%	93.06%
44	吉首大学学报（社会科学版）	1	0.29%	93.35%
45	科技导报	1	0.29%	93.64%
46	科学社会主义	1	0.29%	93.93%
47	科学与无神论	1	0.29%	94.22%
48	课程·教材·教法	1	0.29%	94.51%
49	民族学论丛	1	0.29%	94.80%
50	民族艺术	1	0.29%	95.09%
51	内蒙古社会科学	1	0.29%	95.38%
52	青海民族大学学报（社会科学版）	1	0.29%	95.66%
53	区域经济评论	1	0.29%	95.95%
54	体育学刊	1	0.29%	96.24%
55	西北农林科技大学学报（社会科学版）	1	0.29%	96.53%
56	西北人口	1	0.29%	96.82%
57	新疆大学学报（哲学社会科学版）	1	0.29%	97.11%
58	延边大学学报（社会科学版）	1	0.29%	97.40%
59	原生态民族文化学刊	1	0.29%	97.69%
60	云南社会科学	1	0.29%	97.98%
61	云南行政学院学报	1	0.29%	98.27%
62	政治学研究	1	0.29%	98.55%
63	中国高等教育	1	0.29%	98.84%
64	中华文化论坛	1	0.29%	99.13%
65	中南大学学报（社会科学版）	1	0.29%	99.42%
66	重庆社会科学	1	0.29%	99.71%
67	宗教学研究	1	0.29%	100.00%

结合表3-14、表3-15和图3-51可知：（1）从载文期刊刊载学术论文的数量来看，当前各民族交往交流交融研究领域载文量最多的载文期刊是《中南民族大学学报（人文社会科学版）》（累计载文32篇次），这在一定程度上说明《中南民族大学学报（人文社会科学版）》不仅为当前各民族交往交流交融研究领域学术成果的发布和传播起到了十分重要的扩散作用，也为当前各民族交往交流交融研究领域的发展起到了有力的推动作用，还为未来各民族交往交流交融研究领域的纵深发展提供了有力的资料支撑。其次依次是《广西民族研究》（累计载文22篇次）、《北方民族大学学报（哲学社会科学版）》（累计载文19篇次）、《黑龙江民族丛刊》（累计载文19篇次）、《贵州民族研究》（累计载文17篇次）、《西南民族大学学报（人文社会科学版）》（累计载文17篇次）、《西藏研究》（累计载文13篇次）、《民族论坛》（累计载文12篇次）、《民族研究》（累计载文12篇次）、《西北民族研究》（累计载文12篇次）、《中央民族大学学报（哲学社会科学版）》（累计载文12篇次）、《西北民族大学学报（哲学社会科学版）》（累计载文11篇次）、《中国藏学》（累计载文11篇次）、《民族学刊》（累计载文10篇次）、《湖北民族大学学报（哲学社会科学版）》（累计载文8篇次）、《民族教育研究》（累计载文8篇次）、《西藏民族大学学报（哲学社会科学版）》（累计载文8篇次）、《云南民族大学学报（哲学社会科学版）》（累计载文8篇次）等载文期刊，这些载文期刊也为当前各民族交往交流交融研究领域学术成果的发布和传播起到了不可忽视的扩散作用，有力地推动了当前各民族交往交流交融研究领域的发展，并为未来各民族交往交流交融研究领域的纵深发展提供了一定的资料支撑。（2）从载文期刊平均载文量角度来看，当前各民族交往交流交融研究领域载文期刊的平均载文量为5篇次，排名前24名的载文期刊占总载文期刊量的35.82%，累计载文量为286篇次，占总载文量的82.66%，这在一定程度上说明当前各民族交往交流交融研究领域载文期刊比较集中，排名前三分之一的载文期刊就刊载了该研究领域80%以上的学术成果，这也说明这些载文期刊对当前各民族交往交流交融研究领域学术成果的发表和传播起到了十分重要的支撑作用，未来应该继续向这些载文期刊投送各民族交往交流交融研究领域最新的高质量学术成果，以加快该研究领域学术成果的发表进度及其传播速率，进一步提升各民族交往交流交融研究领域的学术影响力。同时还应该多多关注这些载文期刊所发表的与各民族交往交流交融研究领域有关的最新学术成果，以快速地了解和掌握各民族交往交流交融研究领域的最新动态和前沿趋势。（3）从表3-14可知，3个分区的载文期刊种数比例为 6 : 11 : 50 ≈ 1 : 1.8 : 8.3，不符合布拉德福常数 a ≈ 3，这说明各民族交往交流交融研究领域的文献统计分析不符合布拉德福定律。但从载文期刊分布来看，已初步形成了包括《中南民族大学学报（人文社会科学版）》《广西民族研究》《北方民族大学学报（哲学社会科学版）》《黑龙江民族丛刊》《贵州民族研究》《西南民族大学学报（人文社会科学版）》6种载文期刊在内的核心区载文期刊群。该核心区载文期刊群在一定程度上代表了当前各民族交往交流交融研究领域的热点和前沿趋势，也为未来各民族交往交流交融研究领域提供了有力的资料来源，是未来各民族交往交流交融研究领域及其相关研究领域参考资料的重要源泉。

二、载文期刊的阶段性分析

为更详细地展示和厘清当前各民族交往交流交融研究领域每个年度的载文期刊分布情况，本小节特以年度为划分标准对当前各民族交往交流交融研究领域的载文期刊在各个年度的分布情况进行梳理和分析。首先梳理各民族交往交流交融研究领域年度载文期刊数量的分布情况，表3-16和图3-52是各民族交往交流交融研究领域年度载文期刊的数量分布表和趋势图。从表3-16和图3-52可知，各民族交往交流交融研究领域年度载文期刊的数量随着各民族交往交流交融研究的不断深入而逐渐增多，这在一定程度上说明越来越多的期刊开始关注各民族交往交流交融研究领域的研究实践，并对各民族交往交流交融研究领域的学术成果的发表和传播提供了大力的支撑作用。另外从图

3-52还可发现,随着未来各民族交往交流交融研究实践的进一步拓展,关注该研究领域发展的期刊还将进一步增多。

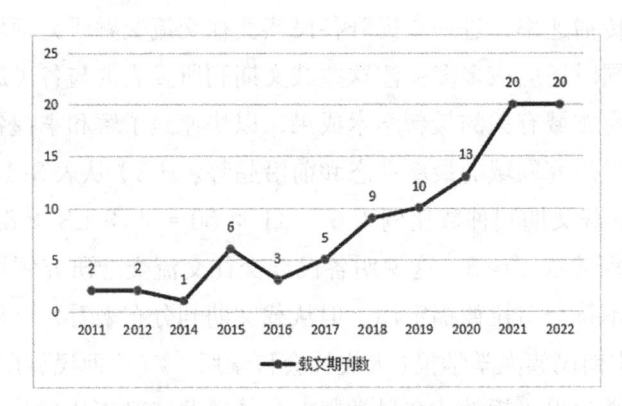

图 3-52 各民族交往交流交融研究领域的载文期刊数量分布趋势图

表 3-16 各民族交往交流交融研究领域的载文期刊数量分布表

序号	年度	载文期刊数
1	2011	2
2	2012	2
3	2014	1
4	2015	6
5	2016	3
6	2017	5
7	2018	9
8	2019	10
9	2020	13
10	2021	20
11	2022	20

（1）2011年各民族交往交流交融研究领域的载文期刊分析

据统计，2011年各民族交往交流交融研究领域共涉及2种载文期刊，如表3-17所示。其中载文数量最多的载文期刊是《新疆师范大学学报（哲学社会科学版）》（载文篇数为2篇），这在一定程度上说明《新疆师范大学学报（哲学社会科学版）》十分关注2011年各民族交往交流交融研究领域的发展，并为2011年各民族交往交流交融研究领域的学术成果的发表与传播起着重要支撑作用。另外，《西南民族大学学报（人文社会科学版）》（载文篇数为1篇）也非常关注2011年各民族交往交流交融研究领域的发展，也为2011年各民族交往交流交融研究领域的学术成果的发表与传播起着重要支撑作用。

表3-17 2011年各民族交往交流交融研究领域的载文期刊列表

序号	载文期刊名称	载文篇数	占总载文比例	累计占总载文比例
1	《新疆师范大学学报（哲学社会科学版）》	2	66.67%	66.67%
2	《西南民族大学学报（人文社会科学版）》	1	33.33%	100.00%

（2）2012年各民族交往交流交融研究领域的载文期刊分析

据统计，2012年各民族交往交流交融研究领域共涉及4种载文期刊，如表3-18所示。其中《延边大学学报（社会科学版）》（载文篇数为1篇）、《黑龙江民族丛刊》（载文篇数为1篇）、《新疆社会科学》（载文篇数为1篇）、《西南民族大学学报（人文社会科学版）》（载文篇数为1篇）4种载文期刊都十分关注2012年各民族交往交流交融研究领域的发展，并为2012年各民族交往交流交融研究领域学术成果的发表与传播起着重要支撑作用。

表 3-18 2012年各民族交往交流交融研究领域的载文期刊列表

序号	载文期刊名称	载文篇数	占总载文比例	累计占总载文比例
1	《延边大学学报(社会科学版)》	1	25.00%	25.00%
2	《黑龙江民族丛刊》	1	25.00%	50.00%
3	《新疆社会科学》	1	25.00%	75.00%
4	《西南民族大学学报（人文社会科学版）》	1	25.00%	100.00%

（3）2014年各民族交往交流交融研究领域的载文期刊分析

因分析样本数据中2013年发表的与各民族交往交流交融研究有关的学术论文为0篇，所以本书不对2013年发表的与各民族交往交流交融研究有关的载文期刊进行知识图谱的构建、梳理和分析。本节接下来就直接跳过2013年，开始对2014年各民族交往交流交融研究领域的载文期刊进行知识图谱的构建、梳理和分析。

据统计，2014年各民族交往交流交融研究领域共涉及2种载文期刊，如表3-19所示。其中《黑龙江民族丛刊》（载文篇数为1篇）和《广西民族研究》（载文篇数为1篇）两种载文期刊都十分关注2014年各民族交往交流交融研究领域的发展，并为2014年各民族交往交流交融研究领域学术成果的发表与传播起着重要支撑作用。

表 3-19 2014年各民族交往交流交融研究领域的载文期刊列表

序号	载文期刊名称	载文篇数	占总载文比例	累计占总载文比例
1	《黑龙江民族丛刊》	1	50.00%	50.00%
2	《广西民族研究》	1	50.00%	100.00%

(4) 2015年各民族交往交流交融研究领域的载文期刊分析

据统计，2015年各民族交往交流交融研究领域共涉及9种载文期刊，如表3-20所示。其中载文量最多的载文期刊是《黑龙江民族丛刊》（载文篇数为2篇）和《民族研究》（载文篇数为2篇），这在一定程度上说明《黑龙江民族丛刊》和《民族研究》两种载文期刊都十分关注2015年各民族交往交流交融研究领域的发展，并为2015年各民族交往交流交融研究领域学术成果的发表与传播起着重要支撑作用。另外，《人民论坛》（载文篇数为1篇）、《新疆师范大学学报（哲学社会科学版）》（载文篇数为1篇）、《西北民族大学学报（哲学社会科学版）》（载文篇数为1篇）等载文期刊也非常关注2015年各民族交往交流交融研究领域的发展，也为2015年各民族交往交流交融研究领域成果的对外传播起着重要支撑作用。

表3-20 2015年各民族交往交流交融研究领域的载文期刊列表

序号	载文期刊名称	载文篇数	占总载文比例	累计占总载文比例
1	《黑龙江民族丛刊》	2	18.18%	18.18%
2	《民族研究》	2	18.18%	36.36%
3	《人民论坛》	1	9.09%	45.45%
4	《新疆师范大学学报（哲学社会科学版）》	1	9.09%	54.55%
5	《西北民族大学学报（哲学社会科学版）》	1	9.09%	63.64%
6	《广西民族研究》	1	9.09%	72.73%
7	《学术界》	1	9.09%	81.82%
8	《政治学研究》	1	9.09%	90.91%
9	《贵州民族研究》	1	9.09%	100.00%

（5）2016年各民族交往交流交融研究领域的载文期刊分析

据统计，2016年各民族交往交流交融研究领域共涉及10种载文期刊，如表3-21所示。其中载文量最多的载文期刊是《中南民族大学学报（人文社会科学版）》（载文篇数为2篇），这在一定程度上说明《中南民族大学学报（人文社会科学版）》十分关注2016年各民族交往交流交融研究领域的发展，并为2016年各民族交往交流交融研究领域学术成果的发表与传播起着重要支撑作用。另外，《贵州民族研究》（载文篇数为1篇）、《黑龙江民族丛刊》（载文篇数为1篇）、《民族研究》（载文篇数为1篇）、《思想战线》（载文篇数为1篇）、《西北师大学报（社会科学版）》（载文篇数为1篇）等载文期刊也非常关注2016年各民族交往交流交融研究领域的发展，也为2016年各民族交往交流交融研究领域成果的对外传播起着重要支撑作用。

表3-21　2016年各民族交往交流交融研究领域的载文期刊列表

序号	载文期刊名称	载文篇数	占总载文比例	累计占总载文比例
1	《中南民族大学学报（人文社会科学版）》	2	18.18%	18.18%
2	《贵州民族研究》	1	9.09%	27.27%
3	《黑龙江民族丛刊》	1	9.09%	36.36%
4	《民族研究》	1	9.09%	45.45%
5	《思想战线》	1	9.09%	54.55%
6	《西北师大学报(社会科学版)》	1	9.09%	63.64%
7	《西南民族大学学报（人文社会科学版）》	1	9.09%	72.73%
8	《学术界》	1	9.09%	81.82%
9	《云南民族大学学报（哲学社会科学版）》	1	9.09%	90.91%
10	《中央民族大学学报（哲学社会科学版）》	1	9.09%	100.00%

（6）2017年各民族交往交流交融研究领域的载文期刊分析

据统计，2017年各民族交往交流交融研究领域共涉及9种载文期刊，如表3-22所示。其中载文数量最多的载文期刊是《广西民族研究》（载文篇数为3篇）和《中南民族大学学报（人文社会科学版）》（载文篇数为3篇），这在一定程度上说明《广西民族研究》和《中南民族大学学报（人文社会科学版）》两种载文期刊都十分关注2017年各民族交往交流交融研究领域的发展，并为2017年各民族交往交流交融研究领域学术成果的发表与传播起着重要支撑作用。另外，《黑龙江民族丛刊》（载文篇数为2篇）、《党的文献》（载文篇数为1篇）、《科学社会主义》（载文篇数为1篇）、《人民论坛》（载文篇数为1篇）、《西藏民族大学学报（哲学社会科学版）》（载文篇数为1篇）等载文期刊也非常关注2017年各民族交往交流交融研究领域的发展，也为2017年各民族交往交流交融研究领域成果的对外传播起着重要支撑作用。

表3-22 2017年各民族交往交流交融研究领域的载文期刊列表

序号	载文期刊名称	载文篇数	占总载文比例	累计占总载文比例
1	《广西民族研究》	3	21.43%	21.43%
2	《中南民族大学学报（人文社会科学版）》	3	21.43%	42.86%
3	《黑龙江民族丛刊》	2	14.29%	57.14%
4	《党的文献》	1	7.14%	64.29%
5	《科学社会主义》	1	7.14%	71.43%
6	《人民论坛》	1	7.14%	78.57%
7	《西藏民族大学学报（哲学社会科学版）》	1	7.14%	85.71%
8	《新疆社会科学》	1	7.14%	92.86%
9	《中央民族大学学报（哲学社会科学版）》	1	7.14%	100.00%

（7）2018年各民族交往交流交融研究领域的载文期刊分析

据统计，2018年各民族交往交流交融研究领域共涉及16种载文期刊，如表3-23所示。其中载文数量最多的载文期刊是《广西民族研究》（载文篇数为3篇），这在一定程度上说明《广西民族研究》十分关注2018年各民族交往交流交融研究领域的发展，并为2018年各民族交往交流交融研究领域学术成果的发表与传播起着重要支撑作用。另外，《西藏研究》（载文篇数为2篇）、《民族研究》（载文篇数为2篇）、《烟台大学学报（哲学社会科学版）》（载文篇数为1篇）、《科学与无神论》（载文篇数为1篇）、《新疆社会科学》（载文篇数为1篇）、《云南民族大学学报（哲学社会科学版）》（载文篇数为1篇）、《西藏大学学报（社会科学版）》（载文篇数为1篇）、《西南民族大学学报（人文社会科学版）》（载文篇数为1篇）、《江苏大学学报（社会科学版）》（载文篇数为1篇）等载文期刊也非常关注2018年各民族交往交流交融研究领域的发展，为2018年各民族交往交流交融研究领域成果的对外传播起着重要支撑作用。

表3-23 2018年各民族交往交流交融研究领域的载文期刊列表

序号	载文期刊名称	载文篇数	占总载文比例	累计占总载文比例
1	《广西民族研究》	3	15.00%	15.00%
2	《西藏研究》	2	10.00%	25.00%
3	《民族研究》	2	10.00%	35.00%
4	《烟台大学学报（哲学社会科学版）》	1	5.00%	40.00%
5	《科学与无神论》	1	5.00%	45.00%
6	《新疆社会科学》	1	5.00%	50.00%
7	《云南民族大学学报（哲学社会科学版）》	1	5.00%	55.00%
8	《西藏大学学报(社会科学版)》	1	5.00%	60.00%

续表

序号	载文期刊名称	载文篇数	占总载文比例	累计占总载文比例
9	《西南民族大学学报（人文社会科学版）》	1	5.00%	65.00%
10	《江苏大学学报（社会科学版）》	1	5.00%	70.00%
11	《青海社会科学》	1	5.00%	75.00%
12	《中国高等教育》	1	5.00%	80.00%
13	《中南民族大学学报（人文社会科学版）》	1	5.00%	85.00%
14	《北方民族大学学报（哲学社会科学版）》	1	5.00%	90.00%
15	《民族学刊》	1	5.00%	95.00%
16	《民族教育研究》	1	5.00%	100.00%

（8）2019年各民族交往交流交融研究领域的载文期刊分析

据统计，2019年各民族交往交流交融研究领域共涉及24种载文期刊，如表3-24所示。其中载文数量最多的载文期刊是《黑龙江民族丛刊》（载文篇数为5篇），这在一定程度上说明《黑龙江民族丛刊》十分关注2019年各民族交往交流交融研究领域的发展，并为2019年各民族交往交流交融研究领域学术成果的发表与传播起着重要支撑作用。另外，《贵州民族研究》（载文篇数为3篇）、《新疆师范大学学报（哲学社会科学版）》（载文篇数为2篇）、《云南民族大学学报（哲学社会科学版）》（载文篇数为2篇）、《广西民族研究》（载文篇数为2篇）、《中国边疆史地研究》（载文篇数为2篇）、《北方民族大学学报（哲学社会科学版）》（载文篇数为2篇）、《重庆社会科学》（载文篇数为1篇）、《新疆社会科学》（载文篇数为1篇）、《西藏大学学报（社会科学版）》（载文篇数为1篇）、《西藏研究》（载文篇数为1篇）、《西南民族大学学报（人文社会科学版）》（载文篇数为1篇）、《西北民族大学学报（哲学社会科学版）》（载文篇数为1篇)、《西北民族研究》(载文篇数为1篇)等载文期刊也非常关注2019年各民族交往交流交融研究领域的发展,为2019年各民族交往交流交融研究领域成果的对外传播起着重要支撑作用。

表3-24 2019年各民族交往交流交融研究领域的载文期刊列表

序号	载文期刊名称	载文篇数	占总载文比例	累计占总载文比例
1	《黑龙江民族丛刊》	5	14.29%	14.29%
2	《贵州民族研究》	3	8.57%	22.86%
3	《新疆师范大学学报(哲学社会科学版)》	2	5.71%	28.57%
4	《云南民族大学学报(哲学社会科学版)》	2	5.71%	34.29%
5	《广西民族研究》	2	5.71%	40.00%
6	《中国边疆史地研究》	2	5.71%	45.71%
7	《北方民族大学学报(哲学社会科学版)》	2	5.71%	51.43%
8	《重庆社会科学》	1	2.86%	54.29%
9	《新疆社会科学》	1	2.86%	57.14%
10	《西藏大学学报(社会科学版)》	1	2.86%	60.00%
11	《西藏研究》	1	2.86%	62.86%
12	《西南民族大学学报(人文社会科学版)》	1	2.86%	65.71%
13	《西北民族大学学报(哲学社会科学版)》	1	2.86%	68.57%
14	《西北民族研究》	1	2.86%	71.43%
15	《西北师大学报(社会科学版)》	1	2.86%	74.29%
16	《当代教育与文化》	1	2.86%	77.14%
17	《青海社会科学》	1	2.86%	80.00%

续表

序号	载文期刊名称	载文篇数	占总载文比例	累计占总载文比例
18	《青海民族研究》	1	2.86%	82.86%
19	《中南大学学报(社会科学版)》	1	2.86%	85.71%
20	《中南民族大学学报（人文社会科学版）》	1	2.86%	88.57%
21	《中央民族大学学报（哲学社会科学版）》	1	2.86%	91.43%
22	《民族学刊》	1	2.86%	94.29%
23	《民族教育研究》	1	2.86%	97.14%
24	《民族研究》	1	2.86%	100.00%

（9）2020年各民族交往交流交融研究领域的载文期刊分析

据统计，2020年各民族交往交流交融研究领域共涉及19种载文期刊，如表3-25所示。其中载文数量最多的载文期刊是《贵州民族研究》（载文篇数为6篇），这在一定程度上说明《贵州民族研究》十分关注2020年各民族交往交流交融研究领域的发展，并为2020年各民族交往交流交融研究领域学术成果的发表与传播起着重要的支撑作用。另外，《西南民族大学学报（人文社会科学版）》（载文篇数为4篇）、《广西民族研究》（载文篇数为4篇）、《西藏研究》（载文篇数为3篇）、《中国藏学》（载文篇数为3篇）、《中南民族大学学报（人文社会科学版）》（载文篇数为3篇）、《民族教育研究》（载文篇数为3篇）、《西北民族研究》（载文篇数为2篇）、《新疆师范大学学报（哲学社会科学版）》（载文篇数为1篇）、《红旗文稿》（载文篇数为1篇）、《云南行政学院学报》（载文篇数为1篇）、《云南民族大学学报（哲学社会科学版）》（载文篇数为1篇）、《西藏大学学报（社会科学版）》（载文篇数为1篇）、《西北农林科技大学学报（社会科学版）》（载文篇数为1篇）等载文期刊也非常关注2020年各民族交往交流交融研究领域的发展，为2020年各民族交往交流交融研究领域成果的对外传播起着重要支撑作用。

表 3-25 2020 年各民族交往交流交融研究领域的载文期刊列表

序号	载文期刊名称	载文篇数	占总载文比例	累计占总载文比例
1	《贵州民族研究》	6	15.38%	15.38%
2	《西南民族大学学报（人文社会科学版）》	4	10.26%	25.64%
3	《广西民族研究》	4	10.26%	35.90%
4	《西藏研究》	3	7.69%	43.59%
5	《中国藏学》	3	7.69%	51.28%
6	《中南民族大学学报（人文社会科学版）》	3	7.69%	58.97%
7	《民族教育研究》	3	7.69%	66.67%
8	《西北民族研究》	2	5.13%	71.79%
9	《新疆师范大学学报（哲学社会科学版）》	1	2.56%	74.36%
10	《红旗文稿》	1	2.56%	76.92%
11	《云南行政学院学报》	1	2.56%	79.49%
12	《云南民族大学学报（哲学社会科学版）》	1	2.56%	82.05%
13	《西藏大学学报(社会科学版)》	1	2.56%	84.62%
14	《西北农林科技大学学报（社会科学版）》	1	2.56%	87.18%
15	《西北师大学报(社会科学版)》	1	2.56%	89.74%
16	《湖北民族大学学报（哲学社会科学版）》	1	2.56%	92.31%
17	北方民族大学学报（哲学社会科学版）	1	2.56%	94.87%

续表

序号	载文期刊名称	载文篇数	占总载文比例	累计占总载文比例
18	《民族学刊》	1	2.56%	97.44%
19	《民族研究》	1	2.56%	100.00%

（10）2021年各民族交往交流交融研究领域的载文期刊分析

据统计，2021年各民族交往交流交融研究领域共涉及33种载文期刊，如表3-26所示。其中载文数量最多的载文期刊是《中南民族大学学报（人文社会科学版）》（载文篇数为8篇），这在一定程度上说明《中南民族大学学报（人文社会科学版）》十分关注2021年各民族交往交流交融研究领域的发展，并为2021年各民族交往交流交融研究领域学术成果的发表与传播起着重要支撑作用。另外，《民族论坛》（载文篇数为6篇）、《中央民族大学学报（哲学社会科学版）》（载文篇数为5篇）、《北方民族大学学报（哲学社会科学版）》（载文篇数为5篇）、《民族学刊》（载文篇数为5篇）、《西南民族大学学报（人文社会科学版）》（载文篇数为4篇）、《西北民族研究》（载文篇数为4篇）、《中国藏学》（载文篇数为4篇）、《黑龙江民族丛刊》（载文篇数为3篇）、《西藏民族大学学报（哲学社会科学版）》（载文篇数为3篇）、《西北民族大学学报（哲学社会科学版）》（载文篇数为3篇）、《湖北民族大学学报（哲学社会科学版）》（载文篇数为3篇）、《思想战线》（载文篇数为3篇）、《民族研究》（载文篇数为3篇）、《西藏研究》（载文篇数为2篇）、《广西民族研究》（载文篇数为2篇）、《青海民族研究》（载文篇数为2篇）、《贵州民族研究》（载文篇数为2篇）等载文期刊也非常关注2021年各民族交往交流交融研究领域的发展，也为2021年各民族交往交流交融研究领域成果的对外传播起着重要支撑作用。

表 3-26　2021 年各民族交往交流交融研究领域的载文期刊列表

序号	载文期刊名称	载文篇数	占总载文比例	累计占总载文比例
1	《中南民族大学学报（人文社会科学版）》	8	9.64%	9.64%
2	《民族论坛》	6	7.23%	16.87%
3	《中央民族大学学报（哲学社会科学版）》	5	6.02%	22.89%
4	《北方民族大学学报（哲学社会科学版）》	5	6.02%	28.92%
5	《民族学刊》	5	6.02%	34.94%
6	《西南民族大学学报（人文社会科学版）》	4	4.82%	39.76%
7	《西北民族研究》	4	4.82%	44.58%
8	《中国藏学》	4	4.82%	49.40%
9	《黑龙江民族丛刊》	3	3.61%	53.01%
10	《西藏民族大学学报（哲学社会科学版）》	3	3.61%	56.63%
11	《西北民族大学学报（哲学社会科学版）》	3	3.61%	60.24%
12	《湖北民族大学学报（哲学社会科学版）》	3	3.61%	63.86%
13	《思想战线》	3	3.61%	67.47%
14	《民族研究》	3	3.61%	71.08%
15	《西藏研究》	2	2.41%	73.49%
16	《广西民族研究》	2	2.41%	75.90%
17	《青海民族研究》	2	2.41%	78.31%
18	《贵州民族研究》	2	2.41%	80.72%
19	《民族教育研究》	2	2.41%	83.13%

续表

序号	载文期刊名称	载文篇数	占总载文比例	累计占总载文比例
20	《科技导报》	1	1.20%	84.34%
21	《新疆社会科学》	1	1.20%	85.54%
22	《新疆师范大学学报（哲学社会科学版）》	1	1.20%	86.75%
23	《红旗文稿》	1	1.20%	87.95%
24	《云南社会科学》	1	1.20%	89.16%
25	《云南民族大学学报（哲学社会科学版）》	1	1.20%	90.36%
26	《内蒙古社会科学》	1	1.20%	91.57%
27	《西藏大学学报(社会科学版)》	1	1.20%	92.77%
28	《广西民族大学学报（哲学社会科学版）》	1	1.20%	93.98%
29	《学术探索》	1	1.20%	95.18%
30	《湖南社会科学》	1	1.20%	96.39%
31	《青海社会科学》	1	1.20%	97.59%
32	《青海民族大学学报（社会科学版）》	1	1.20%	98.80%
33	《区域经济评论》	1	1.20%	100.00%

（11）2022年各民族交往交流交融研究领域载文期刊分析

据统计，2022年各民族交往交流交融研究领域共涉及41种载文期刊，如表3-27所示。其中载文数量最多的载文期刊是《中南民族大学学报（人文社会科学版）》（载文篇数为14篇），这在一定程度上说明了《中南民族大学学报（人文社会科学版）》十分关注2022年各民族交往交流交融研究领域的发展，并为2022年各民族交往交流交融研究领域学术成果的发表与传播起着重要支撑作用。另外，《北方民族大学学报（哲学社会科学版）》（载文篇数为10篇）、《西北民族大学学报（哲学社会科学版）》（载文篇数为6篇）、《广西民族研究》（载文篇数为6篇）、《民族论坛》（载文篇数为6篇）、《云南师范大学学报（哲学社会科学版）》（载文篇数为5篇）、《西藏研究》（载文篇数为5篇）、《西北民族研究》（载文篇数为5篇）、《烟台大学学报（哲学社会科学版）》（载文篇数为4篇）、《黑龙江民族丛刊》（载文篇数为4篇）、《西藏民族大学学报（哲学社会科学版）》（载文篇数为4篇）、《西南民族大学学报（人文社会科学版）》（载文篇数为4篇）、《湖北民族大学学报（哲学社会科学版）》（载文篇数为4篇）、《贵州民族研究》（载文篇数为4篇）、《中国藏学》（载文篇数为4篇）、《中央民族大学学报（哲学社会科学版）》（载文篇数为4篇）、《旅游学刊》（载文篇数为3篇）、《西藏大学学报（社会科学版）》（载文篇数为3篇）、《云南民族大学学报（哲学社会科学版）》（载文篇数为2篇）、《宁夏社会科学》（载文篇数为2篇）、《江苏大学学报（社会科学版）》（载文篇数为2篇）、《思想战线》（载文篇数为2篇）、《民族学刊》（载文篇数为2篇）、《民族研究》（载文篇数为2篇）等载文期刊也非常关注2022年各民族交往交流交融研究领域的发展，为2022年各民族交往交流交融研究领域成果的对外传播起着重要支撑作用。

表3-27 2022年各民族交往交流交融研究领域的载文期刊列表

序号	载文期刊名称	载文篇数	占总载文比例	累计占总载文比例
1	《中南民族大学学报（人文社会科学版）》	14	11.29%	11.29%
2	《北方民族大学学报（哲学社会科学版）》	10	8.06%	19.35%
3	《西北民族大学学报（哲学社会科学版）》	6	4.84%	24.19%
4	《广西民族研究》	6	4.84%	29.03%
5	《民族论坛》	6	4.84%	33.87%

续表

序号	载文期刊名称	载文篇数	占总载文比例	累计占总载文比例
6	《云南师范大学学报（哲学社会科学版）》	5	4.03%	37.90%
7	《西藏研究》	5	4.03%	41.94%
8	《西北民族研究》	5	4.03%	45.97%
9	《烟台大学学报（哲学社会科学版）》	4	3.23%	49.19%
10	《黑龙江民族丛刊》	4	3.23%	52.42%
11	《西藏民族大学学报（哲学社会科学版）》	4	3.23%	55.65%
12	《西南民族大学学报（人文社会科学版）》	4	3.23%	58.87%
13	《湖北民族大学学报（哲学社会科学版）》	4	3.23%	62.10%
14	《贵州民族研究》	4	3.23%	65.32%
15	《中国藏学》	4	3.23%	68.55%
16	《中央民族大学学报（哲学社会科学版）》	4	3.23%	71.77%
17	《旅游学刊》	3	2.42%	74.19%
18	《西藏大学学报（社会科学版）》	3	2.42%	76.61%
19	《云南民族大学学报（哲学社会科学版）》	2	1.61%	78.23%
20	《宁夏社会科学》	2	1.61%	79.84%
21	《江苏大学学报（社会科学版）》	2	1.61%	81.45%
22	《思想战线》	2	1.61%	83.06%
23	《民族学刊》	2	1.61%	84.68%
24	《民族研究》	2	1.61%	86.29%
25	《课程·教材·教法》	1	0.81%	87.10%

序号	载文期刊名称	载文篇数	占总载文比例	累计占总载文比例
26	《哈尔滨工业大学学报（社会科学版）》	1	0.81%	87.90%
27	《新疆大学学报（哲学社会科学版）》	1	0.81%	88.71%
28	《原生态民族文化学刊》	1	0.81%	89.52%
29	《宗教学研究》	1	0.81%	90.32%
30	《西北人口》	1	0.81%	91.13%
31	《广西社会科学》	1	0.81%	91.94%
32	《广西民族大学学报（哲学社会科学版）》	1	0.81%	92.74%
33	《学术探索》	1	0.81%	93.55%
34	《体育学刊》	1	0.81%	94.35%
35	《贵州社会科学》	1	0.81%	95.16%
36	《中华文化论坛》	1	0.81%	95.97%
37	《北京体育大学学报》	1	0.81%	96.77%
38	《民族艺术》	1	0.81%	97.58%
39	《民族学论丛》	1	0.81%	98.39%
40	《民族教育研究》	1	0.81%	99.19%
41	《吉首大学学报(社会科学版)》	1	0.81%	100.00%

第四节 结论与讨论

一、我国各民族交往交流交融研究领域发展存在分化不均的现象

从发文机构的整体性分析来看,中央民族大学、中国社会科学院、云南大学、西南民族大学、兰州大学、广西民族大学、中南民族大学、南开大学、四川大学、北方民族大学等发文机构在我国各民族交往交流交融研究领域中占主导地位,无论是专业的师资队伍还是人才培养质量相对于其他发文机构来说都属于专业的"实力选手"。从整体上来看,民族高校或民族地区的高校在我国各民族交往交流交融研究领域的发展过程中扮演着十分重要的角色,既起到了"中流砥柱"的作用,又推动着我国各民族交往交流交融研究领域的创新发展。但高产发文机构与低产发文机构之间存在较大的"贫富"差距。另外,从这些发文机构及参与我国各民族交往交流交融研究领域相关工作的研究者来看,目前对于我国各民族交往交流交融研究领域的讨论还是以理论层面为主,较缺乏实践层面的探讨。

二、我国各民族交往交流交融研究领域发文作者网络连通性低,高产作者间学术联系不紧密

我国各民族交往交流交融研究领域发文作者的整体合作网络密度较低,连通性较差,整体呈现分散的状态。虽然有少量两人及两人以上的合作学术团体,但还是以独立研究为主,合作强度及规模均较低,研究者之间的联系不紧密。从整体网络结构及原始文献数据来看,首先,大部分合作团体以"师生型"合作为主,"临时组合型"合作为辅,这样的合作团体存在极大的不稳定性,不利于我国各民族交往交流交融研究领域的深度交流与合作。其次,我国各民族交往交流交融研究领域虽然已形成了以郝亚明、金炳镐、田钒平、高永久等为代表的高产发文作者,但是这些高产发文作者之间几乎没有任何交流与合作的

迹象，并且这些高产发文作者的合作对象基本上都是自己的学生，这对于我国各民族交往交流交融研究领域内不同研究对象之间的交流与合作起到了一定的阻碍作用，也不利于我国各民族交往交流交融研究领域知识的共建共享和深度创新。综上，我国各民族交往交流交融研究领域还存在较大的合作交流潜力，未来应该突破现有合作交流瓶颈，拓宽合作交流的对象与渠道，建立我国各民族交往交流交融研究领域内不同研究对象以及跨学科间的合作交流模式，打破机构、地域、学科、门第等限制，实现我国各民族交往交流交融研究领域成果的共建共享，促进我国各民族交往交流交融研究领域高质量科研成果和实践经验的双丰收。

三、我国各民族交往交流交融研究领域对外传播载体呈现集中性强的特点

当前我国各民族交往交流交融研究领域已形成了以《中南民族大学学报（人文社会科学版）》《广西民族研究》《北方民族大学学报（哲学社会科学版）》《黑龙江民族丛刊》《贵州民族研究》《西南民族大学学报（人文社会科学版）》6种民族类载文期刊为代表的核心对外传播载体群，也形成了以《中南民族大学学报（人文社会科学版）》《广西民族研究》《北方民族大学学报（哲学社会科学版）》《黑龙江民族丛刊》《贵州民族研究》《西南民族大学学报（人文社会科学版）》《西藏研究》《民族论坛》《民族研究》《西北民族研究》《中央民族大学学报（哲学社会科学版）》《西北民族大学学报（哲学社会科学版）》《中国藏学》《民族学刊》《湖北民族大学学报（哲学社会科学版）》《民族教育研究》《西藏民族大学学报（哲学社会科学版）》《云南民族大学学报（哲学社会科学版）》等24种民族类载文期刊为代表的高产对外传播载体。从我国各民族交往交流交融研究领域的对外传播载体来看，虽然有一些非民族类载文期刊（如《旅游学刊》《北京体育大学学报》等）参与我国各民族交往交流交融研究领域成果的对外传播，但还是以民族类载文期刊为主。由此可知，我国各民族交

往交流交融研究领域对外传播载体十分集中,有较固定的对外传播载体,有利于我国各民族交往交流交融研究领域成果的稳定、快速对外传播。另外,《中南民族大学学报(人文社会科学版)》《广西民族研究》《北方民族大学学报(哲学社会科学版)》《黑龙江民族丛刊》《贵州民族研究》《西南民族大学学报(人文社会科学版)》是我国各民族交往交流交融研究领域成果对外传播最集中的载体。

第四章

各民族交往交流交融研究的热点与前沿

对各民族交往交流交融研究领域的热点与前沿的梳理分析主要是通过对本书所涉及样本文献的关键词的梳理分析来揭示该研究领域当前哪些关键词是研究的重点关注点、哪些关键词是关键性关注对象、整个研究前沿的演化过程如何等问题，从而为未来该研究领域的纵向研究提供一定的参考借鉴。如兴义民族师范学院文学与传媒学院胡贤林等的《乾嘉学派研究文献的知识图谱分析》一文通过对1964年至2022年乾嘉学派研究文献的关键词的分析发现，这段时间乾嘉学派研究的热点主题为"扬州学派""考据学""清代""汉学""梁启超""乾嘉汉学""戴震""学术史""乾嘉学术"等关键词所涉及的主题，热点研究领域包括乾嘉考据学研究、乾嘉史学研究、乾嘉书法艺术研究、经世致用研究和与程朱理学的关系研究五个领域[1]；河北大学新闻传播学院王秋菊等的《多维视角下智能传播研究的学术图景与发展脉络——基于CiteSpace科学知识图谱的可视化分析》一文通过对2011年至2021年10月20日智能传播研究文献的关键词的分析发现，这段时间国内智能传播研究的热点主题为"人工智能""智能手机""智能传播""大数据""媒体融合""传媒业"等关键词所涉及的主题；国外智能传播研究的热点主题为"algorithm""computer""machine""perception""big data""news"等关键词所涉及的主题，中外智能传播的热点研究领域包括人工智能技术对内容生产的影响、人工智能成为传媒业发展的技术驱动力、人工智能应用中的风险应对及防范等；中南财经政法大学法学院李慧君的《国内个人信息保护研究的热点主题与演进趋势——基于CiteSpace的知识图谱分析》一文通过对2003—2022年国内个人信息保护研究领域的关键词的分析发现，这段时间该研究领域的热点议题是与"个人信息""大数据""隐私权""个人数据""隐私保护"等有关的议题，热点研究领域包括个人信息保护的构成要素研究和理论基础研究、《中华人民共和国个人信息保护法》的法律性质研究和实施机制研究、个人信息法律保护体系的制度

---

[1] 胡贤林，张进凯. 乾嘉学派研究文献的知识图谱分析 [J]. 南昌师范学院学报，2022，43(06): 129-134.

研究等领域[1]；中国地质大学（武汉）艺术与传媒学院宁薇的《国内情绪传播研究热点与前沿演进——基于CNKI（2000—2021）的知识图谱分析》一文通过对2000—2021年国内情绪传播研究领域的关键词的分析发现，这段时间国内情绪传播研究领域的高频关键词为"社交媒体""网络舆情""短视频""新媒体""舆论引导"[2]；广州南方学院许丹云等的《"新文科"视域下中国外语研究的现状评述——基于CiteSpace知识图谱的可视化分析（2018—2022年）》一文通过对2018—2022年"新文科+外语"研究领域的关键词的分析发现，这段时间该研究领域的热点议题是"新文科""外语学科""课程思政""人才培养""大学英语""英语专业""外语教育"等关键词涉及的主题[3]；等等。

第一节 研究热点与前沿

为了更好地厘清2011—2022年各民族交往交流交融研究领域的研究热点和研究前沿，特运用CiteSpace构建了2011—2022年各民族交往交流交融研究领域的关键词共现可视化图谱，首先按图1-4在CiteSpace可视化软件上设定构建各民族交往交流交融研究领域的关键词共现可视化图谱的基本参数值，然后按图4-1设置其他相关参数，构建出的2011—2022年各民族交往交流交融研究领域的关键词共现可视化图谱如图4-2所示，2011—2022年各民族交往交流交融研究领域的关键词突变可视化图谱如图4-3所示。

---

[1] 李慧君. 国内个人信息保护研究的热点主题与演进趋势——基于CiteSpace的知识图谱分析[J]. 昆明理工大学学报(社会科学版), 2023, 23(01): 78-89.
[2] 宁薇. 国内情绪传播研究热点与前沿演进——基于CNKI(2000—2021)的知识图谱分析[J]. 青年记者, 2023(04): 44-46.
[3] 许丹云, 刘祖佚. "新文科"视域下中国外语研究的现状评述——基于CiteSpace知识图谱的可视化分析(2018—2022年)[J]. 贵州师范学院学报, 2023, 39(02): 74-84.

图 4-1 构建 2011—2022 年各民族交往交流交融研究领域的
关键词共现可视化图谱的参数设置情况图

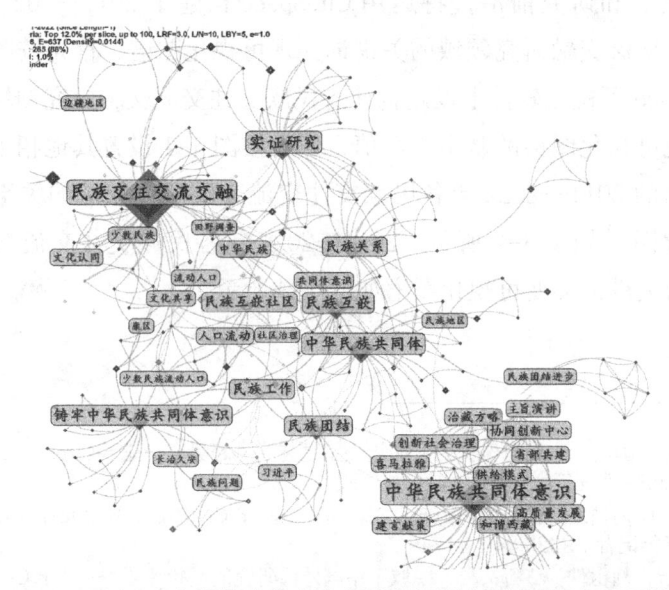

图 4-2 2011—2022 年各民族交往交流交融研究领域的关键词共现可视化图谱

Top 16 Keywords with the Strongest Citation Bursts

Keywords	Year	Strength	Begin	End	2011 - 2022
民族认同	2011	1.69	2011	2018	
民族问题	2011	1.34	2011	2014	
民族融合	2011	1.22	2011	2016	
民族政策	2011	1.22	2011	2016	
民族工作	2014	3.27	2014	2017	
习近平	2014	2.36	2014	2017	
社会结构	2016	1.58	2016	2019	
少数民族	2016	0.91	2016	2019	
民族关系	2011	6.04	2017	2019	
民族交往交流交融	2011	3.52	2017	2018	
民族团结	2016	3.42	2018	2020	
病案讨论	2018	2.36	2018	2019	
民族互嵌	2015	1.09	2018	2019	
新时代	2019	2.39	2019	2020	
民族互嵌社区	2016	2.31	2019	2020	
流动人口	2020	1.13	2020	2022	

图 4-3　2011—2022 年各民族交往交流交融研究领域的关键词突变可视化图谱

表 4-1　2011—2022 年各民族交往交流交融研究领域的关键词列表
（出现频次 ≥ 3 次或突变度 >0 或中心度 ≥ 0.1）

序号	出现频次	突变度	突变起始年	突变截止年	中心度	关键词	首引年份
1	203	3.52	2017	2018	0.91	民族交往交流交融	2011
2	66	0			0.59	中华民族共同体意识	2018
3	42	1.09	2018	2019	0.24	民族互嵌	2015
4	40	0			0.26	中华民族共同体	2019
5	34	0			0.28	实证研究	2018
6	29	0			0.18	铸牢中华民族共同体意识	2020
7	26	6.04	2017	2019	0.13	民族关系	2011
8	19	3.42	2018	2020	0.2	民族团结	2016
9	16	0			0.05	中华民族	2020

续表

序号	出现频次	突变度	突变起始年	突变截止年	中心度	关键词	首引年份
10	12	2.31	2019	2020	0.14	民族互嵌社区	2016
11	11	3.27	2014	2017	0.1	民族工作	2014
12	11	0			0.02	历史经验	2022
13	8	0			0.02	人口流动	2019
14	7	2.39	2019	2020	0.01	新时代	2019
15	7	0.91	2016	2019	0.02	少数民族	2016
16	6	0			0	田野调查	2021
17	6	0			0.03	文化交融	2020
18	5	1.13	2020	2022	0.03	流动人口	2020
19	5	2.36	2014	2017	0.01	习近平	2014
20	5	0			0.04	文化认同	2016
21	5	0			0.01	共同体意识	2021
22	5	0			0.06	边疆地区	2021
23	4	2.36	2018	2019	0.01	病案讨论	2018
24	4	0			0.06	民族团结进步	2020
25	4	0			0.05	民族地区	2019
26	4	0			0.03	互嵌式社会结构	2019
27	4	0			0	藏族	2016
28	4	0			0	中华民族共同体建设	2022
29	4	0			0.01	共同性	2022
30	3	1.69	2011	2018	0.02	民族认同	2011
31	3	0			0.01	文化共享	2021
32	3	0			0.01	社区治理	2021
33	3	0			0	康区	2021

续表

序号	出现频次	突变度	突变起始年	突变截止年	中心度	关键词	首引年份
34	3	0			0	国家认同	2021
35	3	1.58	2016	2019	0	社会结构	2016
36	3	0			0	民族团结进步教育	2021
37	3	0			0.01	西藏	2019
38	3	0			0	乡村振兴	2021
39	3	0			0	实践	2021
40	3	0			0.01	民族互嵌式社会结构	2022
41	3	0			0	文化空间	2022
42	3	0			0	节日文化	2022
43	2	1.34	2011	2014	0	民族问题	2011
44	2	1.22	2011	2016	0.01	民族政策	2011
45	2	1.22	2011	2016	0.01	民族融合	2011

依据图4-2和表4-1可知：

（1）2011—2022年各民族交往交流交融研究领域的高出现频次的关键词包括"民族交往交流交融"（出现频次为203次，主要关注的是民族交往交流交融的前提与保障、内质和蕴意、文化涵化、民族关系、民族互嵌、实证研究、社会心理、深化路径、文化逻辑、历史经验、历史渊源、教育路径及铸牢中华民族共同体意识等）、"中华民族共同体意识"（出现频次为66次，主要关注的是中华民族共同体意识的形成、培育、构建及实现路径等以及中华民族共同体意识视域下民族交往交流交融的相关研究等）、"民族互嵌"（出现频次为42次，主要关注的是和谐民族关系构建、民族互嵌式社区建设、民族互嵌式社会结构、民族互嵌格局、居住空间与民族关系再造及实证研究等）、"中华民族共同体"（出现频次为40次，主要关注的是中华民族共同体视野下各民族交往交流交融、中华民族共同体的现代含义及巩固路径等)、"实证研究"(出现频次为34次,主要关注的是和谐民族关系的构建、民族杂居、族际交往、社会心态、民族互嵌社区、乡村振兴、河湟走廊、通婚、节日文化等)、"铸牢中华民族共同体意识"(出现频次为29次,主要关注的是民族信任、思政课、学科融合、新时代民族团结理论、藏传佛教中国化、爱国主义、民间文学、学理思考、民族互嵌等)、"民族关系"(出现频次为26次,主要关注的是民族民间话语、民族关系、民族互嵌、实证研究、族际通婚、文化涵化、社会稳定、心理机制、地域认同等)、"民族团结"(出现频次为19次,主要关注的是民族政策、民族认同、民族互嵌、民族团结心理、民族团结进步教育、族际通婚、族际信任、共同体意识等)。

(2)从中心度来看,"民族交往交流交融""中华民族共同体意识""民族互嵌""中华民族共同体""实证研究""铸牢中华民族共同体意识""民族关系""民族团结""民族互嵌社区""民族工作"等关键词是中心度≥0.1的关键点关键词,在2011—2022年各民族交往交流交融研究领域的关键词共现可视化图谱中为各关键词之间的连接起到十分重要的桥梁作用,也是2011—2022年各民族交往交流交融研究领域的研究热点。

(3)从突变度来看,"民族交往交流交融""民族互嵌""民族关系""民族团结""民族互嵌社区""民族工作""新时代""少数民族""流动人口""习近平""病案讨论""民族认同""社会结构""民族问题""民族政策""民族融合"等关键词的突变度大于0,这说明了这些关键词是2011—2022年各民族交往交流交融研究领域的研究前沿,其中2011年开始的研究前沿包括"民族问题""民族政策""民族融合""民族认同"等4个关键词及其所包含的研究内容,并且这些2011年开始的研究前沿分别持续到了2014年、2016年和2018年;2014年开始的研究前沿包括"民族工作""习近平"等2个关键词及其所包含的研究内容,并且这些2014年开始的研究前沿都持续到了2017年;2016年开始的研究前沿包括"少数民族""社会结构"2个关键词及其所包含的研究内容,并且这些2016年开始的研究前沿都持续到了2019年;2017年开始的研究前沿包括"民族交往交流交融""民族关系"2个关键词及其所包含的研究内容,并且这些2017年开始的研究前沿分别持续到了2018年、2019年;2018年开始的研究前沿包括"民族互嵌""病案讨论""民族团结"3个关键词及其所包含的研究内容,并且这些2018年开始的研究前沿分别持续到了2019年、2019年和2020年;2019年开始的研究前沿包括"民族互嵌社区""新时代"2个关键词及其所包含的研究内容,并且这些2019年开始的研究前沿都持续到了2020年;2020年开始的研究前沿包括"流动人口"1个关键词及其所包含的研究内容,并且这些2020年开始的研究前沿都持续到了2022年。

第二节 结论与讨论

一、我国各民族交往交流交融理论前沿的探索

从前面的分析来看,我国各民族交往交流交融研究的理论核心已从最初的民族政策解读、民族问题剖析以及民族认同基础的提炼转向各民族交往交流交融的实证研究与内涵式发展探寻。我国各民族交往交流交融研究领域的研究主题不断拓展和研究实践的不断深化受到国家战略、社会发展转型与国际环境等多重影响,而新时代党的民族理论和民族政策也为我国各民族交往交流交融研究提供了新的血液、新的视角与新的方向。从另外一个层面来看,我国各民族交往交流交融研究领域的研究前沿随着不同时期党的民族理论和民族政策而动态变化,是对国家发展及社会发展转型的积极回应。综合我国各民族交往交流交融研究领域研究前沿的发展特点,可将其归为七类。一是对民族交往交流交融的理论探讨和实证研究,比如,"文化认同""边疆地区""田野调查"等。二是各民族交往交流交融助力铸牢中华民族共同体意识的研讨,如"铸牢中华民族共同体意识""民族工作"等。

三是对各民族交往交流交融的实证研究,如"实证研究"等。四是对民族互嵌及其社区构建在各民族交往交流交融中的重要价值的研究,如"民族互嵌""民族互嵌社区""社区治理"等。五是对各民族交往交流交融在中华民族共同体建设中的重要意义的研究,如"中华民族共同体""民族地区""民族互嵌"等。六是对各民族交往交流交融助力民族团结的研讨,如"民族团结""民族工作"等。七是对各民族交往交流交融助力中华民族共同体意识教育的研讨,如"中华民族共同体意识教育""和谐西藏""建言献策"等。对我国各民族交往交流交融研究领域前沿问题研究水平的提升,不仅需要能洞察国家发展及社会发展转型问题的能力,也需要有能将各民族交往交流交融内涵式发展与问题深入融合的能力,以前沿问题引领我国各民族交往交流交融研究领域的新发展,从而加快我国各民族交往交流交融研究领域的内涵式发展。

二、我国各民族交往交流交融研究具有较强的政策关联性

党的民族理论和民族政策为我国各民族交往交流交融研究领域的内涵式发展提供了源源不断的政策养分和理论基础,引领着我国各民族交往交流交融研究领域的研究热点和研究前沿,为我国各民族交往交流交融的实证研究提供了有力的指导。如国家领导人在全国民族团结进步表彰大会、西藏工作座谈会、中国共产党第十九次全国代表大会、中央民族工作会议等会议上多次强调要加强各民族交往交流交融,并将其纳入"十四五"时期经济社会发展的主要目标。这种高度的相关性,一方面造就了我国各民族交往交流交融研究的丰富与发展,另一方面也为民族政策的制定与完善提供了重要的学理依据与实证参考。

第五章

总结与展望

第一节　总结

本书通过运用文献调研法、科学知识图谱法、内容分析法、共被引分析法等方法与技术从关注度与传播度（包括学术关注度、媒体关注度、学术传播度和用户关注度四方面）、研究力量（包括发文作者、发文机构和载文期刊三方面）、研究热点与前沿四部分对当前各民族交往交流交融领域的研究现状进行梳理、分析和研究，发现当前各民族交往交流交融的研究具有以下几方面的特点。

一、关注度不断提高，传播度也不断提高

通过前面的梳理分析可知，各民族交往交流交融研究领域的年度发文篇数呈现逐年上升趋势，并且依据逐年发文篇数趋势线也发现未来该研究领域的年度发文篇数还将继续在现有基础上进一步增长，这说明该研究领域的学术关注度较高。关注各民族交往交流交融研究领域发展的媒体也在不断增长，并且已经形成关注各民族交往交流交融研究领域发展的高产媒体，这说明该研究领域的媒体关注度较高。各民族交往交流交融研究领域学术成果的单篇被引频次达到了320次，并且所有高被引学术成果都刊载于CSSCI来源期刊上，这说明该研究领域的学术传播度也较高。各民族交往交流交融研究领域学术成果的单篇被下载次数最高达到了23628次，并且本书所列的高被下载学术成果的被下载频次最低都在5000次，这说明该研究领域的用户关注度也较高。综上所述，当前各民族交往交流交融研究领域的关注度和传播度都在不断提高，这表明各界对各民族交往交流交融研究领域越来越关注和重视，并且不断地产出更多相关的高质量学术成果，这些不仅为当前各民族交往交流交融研究领域的发展助力，也将为未来该研究领域及其相关研究领域提供一定的理论支撑和知识基础，同时也将再一次为该研究领域的纵向发展助力。

二、高产发文作者多，但还未形成核心发文作者群

当前各民族交往交流交融研究领域虽然已初步形成了以郝亚明、金炳镐、田钒平、高永久、罗彩娟、石硕、王文光、李静、麻国庆、纳日碧力戈、宗喀·漾正冈布、王瑜等54位研究者为代表的高产发文作者，但尚未形成核心发文作者群，这不利于该研究领域的纵深发展。因此未来应该在当前各民族交往交流交融研究领域取得的成就基础上，进一步加大对各民族交往交流交融研究领域的投入，以在提高各民族交往交流交融研究领域的学术影响力的基础上吸引更多的相关研究者投入更多的精力对各民族交往交流交融研究领域展开纵深研究实践，以尽快形成一支具有高影响力的核心发文作者队伍，为各民族交往交流交融研究领域的核心发文作者群的最终形成打下坚实的基础。

三、高产发文机构较集中，且初步形成了核心发文机构

当前各民族交往交流交融研究领域不仅初步形成了以中央民族大学、中国社会科学院、云南大学、西南民族大学、兰州大学、广西民族大学、中南民族大学、南开大学、四川大学、北方民族大学、西北民族大学、新疆师范大学、西藏民族大学、西藏大学、贵州民族大学、中国人民大学、云南师范大学、陕西师范大学、西藏自治区社会科学院19个发文机构为代表的高产发文机构，而且已初步形成以中央民族大学、中国社会科学院、云南大学、西南民族大学、兰州大学、广西民族大学、中南民族大学等19个高产发文机构为代表的核心发文机构群对各民族交往交流交融研究领域进行持续性的深入研究实践。

四、初步形成了核心区载文期刊，但尚未形成核心载文期刊群

当前各民族交往交流交融研究领域虽然初步形成了以《中南民族大学学报（人文社会科学版）》《广西民族研究》《北方民族大学学报（哲学社会科学版）》《黑龙江民族丛刊》《贵州民族研究》《西南民族大学学报（人文社会科学版）》6种载文期刊为代表的核心区

载文期刊，但尚未形成核心载文期刊群，因此未来不仅应该鼓励并加大将最新与各民族交往交流交融研究有关的学术成果投放到高载文期刊的力度，也应该进一步加强与这些高载文期刊的合作交流，从而促进与各民族交往交流交融研究有关的最新学术成果的快速发表，为构建一直能持续性地关注并传播与各民族交往交流交融研究有关的成果的核心载文期刊群打下坚实的基础。

五、研究主体较集中

从媒体关注度来看，当前各民族交往交流交融研究领域已初步形成以《中国民族报》《新疆日报（汉）》《人民政协报》《兵团日报（汉）》《西藏日报（汉）》《人民日报》《贵州民族报》《克拉玛依日报》《和田日报（汉）》9种媒体为代表的核心媒体群；从高产发文作者来看，当前各民族交往交流交融研究领域共涉及470位发文作者，但高产发文作者只有54位；从高产发文机构来看，当前各民族交往交流交融研究领域共涉及157个发文机构，但高产发文机构只有19个；从载文期刊来看，当前各民族交往交流交融研究领域共涉及67种载文期刊，但大于平均载文篇数的期刊数只有24种，核心区载文期刊群只有6种，这些都在一定程度上表明当前各民族交往交流交融研究领域的研究主题较集中。

六、研究内容较集中

无论是从研究热点和研究前沿来看，还是从关键词突变和研究星云团来看，当前各民族交往交流交融研究领域的研究内容主要集中在"民族交往交流交融""民族互嵌""民族关系""民族团结""民族互嵌社区""民族工作""新时代""少数民族""流动人口""习近平""病案讨论""民族认同""社会结构""民族问题""民族政策""民族融合"等关键词及其所关联的研究内容上，并且在以这些关键词为主要研究星云团不断地向外延伸，从而不断地拓宽各民族交往交流交融领域的研究范围，促进各民族交往交流交融研究领域的纵向发展。

第二节 展望

虽然当前各民族交往交流交融研究领域已经取得了大量有价值的学术成果，但本书认为未来还可以通过以下几方面来进一步强化各民族交往交流交融领域的理论研究与实践运用，以进一步促进各民族交往交流交融研究领域的纵向发展。

一、以党的二十大精神为指引，促进新时代各民族交往交流交融研究领域的理论研究与实践运用的更深更实

党的二十大报告强调"以铸牢中华民族共同体意识为主线，坚定不移走中国特色解决民族问题的正确道路"，这不仅为新时代各民族交往交流交融研究领域注入了新的养分，也为新时代各民族交往交流交融研究领域的理论研究与实践应用提出了新要求和新方向。未来应该以党的二十大精神为指引，深入理解和把握新时代各民族交往交流交融相关工作的新要求，进一步加强对各民族交往交流交融领域的理论研究与实践运用，促进新时代各民族交往交流交融研究领域的理论研究与实践运用更深更实，从而将新时代各民族交往交流交融领域的学术研究推向一个新的台阶，推进新时代各民族交往交流交融研究领域的纵向发展，助力铸牢中华民族共同体意识。

二、增进研究主体的深度交流合作，促进更多跨学科相关学术成果的产出

当前各民族交往交流交融研究领域无论是发文作者之间的交流合作还是发文机构之间的交流合作虽然都取得了十分不错的成就，但是其交流广度和合作深度还不够。另外，当前各民族交往交流交融研究领域的合作交流还主要基于同学科内或同机构内，缺乏跨学科间或跨机构间的合作交流。这些对于各民族交往交流交融研究领域的纵向发展起到了一定的阻碍作用。因此，未来应该在现有合作交流的基础上，进一步加强跨学科和跨机构的合作交流，以更好地发挥跨学科和跨机构在各自各民族交往交流交融研究领域的优势，从而促进各民族交往交流交融研究领域产出更多高质量、高学术影响力和具有更多实践意义的交叉学术成果，促进各民族交往交流交融研究领域的纵向发展。

三、深挖各民族交往交流交融的历史基础

从历史看，一部中华民族史就是一部各民族交往交流交融的历史，就是各民族共同缔造、发展、巩固统一的伟大祖国的历史，这为深度理解和把握各民族交往交流交融提供了大量的有重要价值的历史基础和动力源泉。因此，未来应该在现有各民族交往交流交融研究和实践的基础上，借助交叉学科力量进一步深挖各民族交往交流交融的史料，这样既能为新时代各民族交往交流交融研究领域的理论创新提供史料基础，又能为新时代各民族交往交流交融的实践创新提供宝贵的历史经验，还能为新时代各民族交往交流交融的纵向发展打下坚实的历史基础。

四、加大与各民族交往交流交融相关实践活动（项目）的引荐力度

当前各民族交往交流交融研究领域不仅在理论层面取得了非常不错的研究成果，而且在活动（项目）方面也取得了大量的实践经验。这些实践经验的总结不仅能指导后续开展与各民族交往交流交融有关的活动（项目），也能为这些活动（项目）的有序开展提供一定的借鉴素材和经验教训，促进后续与各民族交往交流交融有关活动（项目）的更高效开展。因此未来应该在现有基础上，加大对与各民族交往交流交融相关的实践活动（项目）的引荐力度，以在促进这些实践活动（项目）交流互鉴的基础上，谱写新时代各民族交往交流交融新篇章。

五、构建人才队伍保障机制，强化高质量人才培养

人才队伍的质量决定了学术研究成果的转换效益。通过前面的梳

理分析可知：研究机构分布比较局限，民族院校占比较大。从研究者来看，著名的专家学者对各民族交往交流交融的关注度不够，形成的研究团队数量相较于其他研究太少。从学科角度来看，目前绝大多数专家学者都来自人文社科领域。然而随着各民族交往交流交融领域研究实践的不断深入，对不同学科人才的需求也将逐步增加（如对史料进行数字化的相关人才、对成果进行 AI 场景实现的相关人才、对相关数据进行潜在关联挖掘与分析的相关人才等），与此同时也需要更多相关的著名专家学者为各民族交往交流交融领域的深入研究实践提供更深层次的理论支撑和实践指导，因此未来应该构建一套有利于高质量交叉学科人才队伍建设的培养保障机制，以不断地为各民族交往交流交融研究领域注入新的具有跨学科能力的高质量研究人才，以进一步提升各民族交往交流交融研究领域学术研究的效益，实现各民族交往交流交融研究领域的内涵发展，为促进深化民族团结进步教育、铸牢中华民族共同体意识、共同团结奋斗和共同繁荣发展助力。

六、深化相关学科建设，促进各民族交往交流交融领域的高质量发展

高校作为国民教育体系的重要组成部分，是研究各民族交往交流交融的重要阵地之一。学科建设又是高校的重要工作之一。因此，未来应该进一步用好高校这一阵地，使各民族交往交流交融在铸牢中华民族共同体意识中充分发挥作用，并进一步深化与各民族交往交流交融相关的学科建设，为与各民族交往交流交融相关的研究领域的专家学者提供一个高水平的可持续性科研共享平台，以在正确的历史观、民族观、国家观下促进各民族交往交流交融学术领域的高质量发展，进一步使高校治理体系和地方民族团结进步事业现代化水平逐步提高。

七、构建可持续性经费投入机制

为了更好地保障各民族交往交流交融研究领域的可持续性发展，不断地致力于铸牢中华民族共同体意识，未来应该探索建立政府引导、

社会参与、跨区域合作的多元化经费投入机制，促进政府与社会机构之间、不同地区之间、不同民族之间在各民族交往交流交融领域的广泛交流与深度合作，形成政策引导、社会积极参与的相互促进的良好局面，实现各民族交往交流交融领域的资源共享和互利共赢，形成守望相助的良好氛围。同时还应该建立经费投入效益评估机制，对投入各民族交往交流交融领域的经费进行持续性的跟踪评估，确保投入各民族交往交流交融领域经费的产出效率，实现经费有效用于促进各民族交往交流交融的关键领域和关键项目，促进各民族优秀文化的交流与融合，实现中华优秀文化的传承与创新，以增强中华文化认同感。

表目录

表 1-1	本书检索收集到的题录分布情况表	009
表 1-2	剔除的非相关文献详细信息（部分）	014
表 1-3	期刊名称归一化处理（部分）	015
表 1-4	机构名称归一化处理（部分）	015
表 2-1	各民族交往交流交融研究领域的年度发文量（篇数）分布情况	024
表 2-2	各民族交往交流交融研究领域的媒体发文量（篇数）分布情况	028
表 2-3	各民族交往交流交融研究领域的高被引（被引量≥100次）学术成果列表	032
表 2-4	各民族交往交流交融研究领域的高下载（下载量≥5000次）学术成果列表	036
表 3-1	各民族交往交流交融研究领域的高产发文作者列表（发文篇次≥2）	042
表 3-2	各民族交往交流交融研究领域的发文机构列表（发文篇次≥3或中心度≥0.1）	086
表 3-3	2011年各民族交往交流交融研究领域的发文机构列表	093
表 3-4	2012年各民族交往交流交融研究领域的发文机构列表	094
表 3-5	2014年各民族交往交流交融研究领域的发文机构列表	096
表 3-6	2015年各民族交往交流交融研究领域的发文机构列表	097
表 3-7	2016年各民族交往交流交融研究领域的发文机构列表	100
表 3-8	2017年各民族交往交流交融研究领域的发文机构列表	102
表 3-9	2018年各民族交往交流交融研究领域的发文机构列表	105
表 3-10	2019年各民族交往交流交融研究领域的发文机构列表	108
表 3-11	2020年各民族交往交流交融研究领域的发文机构列表	113
表 3-12	2021年各民族交往交流交融研究领域的发文机构列表	118
表 3-13	2022年各民族交往交流交融研究领域的发文机构列表	125
表 3-14	各民族交往交流交融研究领域的载文期刊分区表	133
表 3-15	各民族交往交流交融研究领域的载文期刊列表	133
表 3-16	各民族交往交流交融研究领域的载文期刊数量分布表	138
表 3-17	2011年各民族交往交流交融研究领域的载文期刊列表	139
表 3-18	2012年各民族交往交流交融研究领域的载文期刊列表	140
表 3-19	2014年各民族交往交流交融研究领域的载文期刊列表	140
表 3-20	2015年各民族交往交流交融研究领域的载文期刊列表	141
表 3-21	2016年各民族交往交流交融研究领域的载文期刊列表	142
表 3-22	2017年各民族交往交流交融研究领域的载文期刊列表	143
表 3-23	2018年各民族交往交流交融研究领域的载文期刊列表	144

表 3-24　2019 年各民族交往交流交融研究领域的载文期刊列表　　　146
表 3-25　2020 年各民族交往交流交融研究领域的载文期刊列表　　　148
表 3-26　2021 年各民族交往交流交融研究领域的载文期刊列表　　　150
表 3-27　2022 年各民族交往交流交融研究领域的载文期刊列表　　　152
表 4-1　　2011—2022 年各民族交往交流交融研究领域的关键词列表
　　　　　（出现频次≥3 次或突变度 >0 或中心度≥0.1）　　　　　163

图目录

图 1-1　本书的研究思路图　008
图 1-2　本书使用的 CiteSpace 主要版本和运行环境　011
图 1-3　本书使用的 NetDraw 版本和运行环境　012
图 1-4　构建各民族交往交流交融研究领域相关知识图谱时的 CiteSpace 基本参数　018
图 1-5　研究框架　019
图 2-1　各民族交往交流交融研究领域的年发文趋势图谱　024
图 3-1　构建各民族交往交流交融研究领域发文作者共现知识图谱的 CiteSpace 基本参数　046
图 3-2　各民族交往交流交融研究领域的发文作者共现知识图谱　046
图 3-3　各民族交往交流交融研究领域的发文作者合作共现知识图谱　049
图 3-4　各民族交往交流交融研究领域各年度发文作者的时区知识图谱　050
图 3-5　2011 年各民族交往交流交融研究领域的发文作者知识图谱　051
图 3-6　2011 年各民族交往交流交融研究领域的发文作者合作共现知识图谱　051
图 3-7　2012 年各民族交往交流交融研究领域的发文作者知识图谱　053
图 3-8　2012 年各民族交往交流交融研究领域的发文作者合作共现知识图谱　053
图 3-9　2014 年各民族交往交流交融研究领域的发文作者知识图谱　054
图 3-10　2014 年各民族交往交流交融研究领域的发文作者合作共现知识图谱　054
图 3-11　2015 年各民族交往交流交融研究领域的发文作者知识图谱　056
图 3-12　2015 年各民族交往交流交融研究领域的发文作者合作共现知识图谱　056
图 3-13　2016 年各民族交往交流交融研究领域的发文作者知识图谱　058
图 3-14　2016 年各民族交往交流交融研究领域的发文作者合作共现知识图谱　058
图 3-15　2017 年各民族交往交流交融研究领域的发文作者知识图谱　060
图 3-16　2017 年各民族交往交流交融研究领域的发文作者合作共现知识图谱　060
图 3-17　2018 年各民族交往交流交融研究领域的发文作者知识图谱　062
图 3-18　2018 年各民族交往交流交融研究领域的发文作者合作共现知识图谱　062
图 3-19　2019 年各民族交往交流交融研究领域的发文作者知识图谱　065
图 3-20　2019 年各民族交往交流交融研究领域的发文作者合作共现知识图谱　065
图 3-21　2020 年各民族交往交流交融研究领域的发文作者知识图谱　068
图 3-22　2020 年各民族交往交流交融研究领域的发文作者合作共现知识图谱　068
图 3-23　2021 年各民族交往交流交融研究领域的发文作者知识图谱　073
图 3-24　2021 年各民族交往交流交融研究领域的发文作者合作共现知识图谱　073
图 3-25　2022 年各民族交往交流交融研究领域的发文作者知识图谱　078

图 3-26　2022 年各民族交往交流交融研究领域的发文作者合作共现知识图谱　079
图 3-27　构建各民族交往交流交融研究领域发文机构共现知识图谱的 CiteSpace 基本参数　087
图 3-28　各民族交往交流交融研究领域的发文机构共现知识图谱　088
图 3-29　各民族交往交流交融研究领域的突增发文机构知识图谱　088
图 3-30　各民族交往交流交融研究领域的发文机构合作共现知识图谱　090
图 3-31　各民族交往交流交融研究领域各年度发文机构的时区知识图谱　092
图 3-32　2011 年各民族交往交流交融研究领域的发文机构知识图谱　092
图 3-33　2012 年各民族交往交流交融研究领域的发文机构知识图谱　094
图 3-34　2012 年各民族交往交流交融研究领域的发文机构合作共现知识图谱　095
图 3-35　2014 年各民族交往交流交融研究领域的发文机构知识图谱　096
图 3-36　2015 年各民族交往交流交融研究领域的发文机构知识图谱　097
图 3-37　2015 年各民族交往交流交融研究领域的发文机构合作共现知识图谱　099
图 3-38　2016 年各民族交往交流交融研究领域的发文机构知识图谱　099
图 3-39　2017 年各民族交往交流交融研究领域的发文机构知识图谱　101
图 3-40　2017 年各民族交往交流交融研究领域的发文机构合作共现知识图谱　103
图 3-41　2018 年各民族交往交流交融研究领域的发文机构知识图谱　104
图 3-42　2018 年各民族交往交流交融研究领域的发文机构合作共现知识图谱　107
图 3-43　2019 年各民族交往交流交融研究领域的发文机构知识图谱　108
图 3-44　2019 年各民族交往交流交融研究领域的发文机构合作共现知识图谱　111
图 3-45　2020 年各民族交往交流交融研究领域的发文机构知识图谱　113
图 3-46　2020 年各民族交往交流交融研究领域的发文机构合作共现知识图谱　116
图 3-47　2021 年各民族交往交流交融研究领域的发文机构知识图谱　118
图 3-48　2021 年各民族交往交流交融研究领域的发文机构合作共现知识图谱　121
图 3-49　2022 年各民族交往交流交融研究领域的发文机构知识图谱　124
图 3-50　2022 年各民族交往交流交融研究领域的发文机构合作共现知识图谱　129
图 3-51　当前各民族交往交流交融研究领域载文期刊分布图（载文量≥ 10 篇次）　132
图 3-52　各民族交往交流交融研究领域的载文期刊数量分布趋势图　138
图 4-1　构建 2011—2022 年各民族交往交流交融研究领域的关键词共现可视化图谱的参数设置情况图　162
图 4-2　2011—2022 年各民族交往交流交融研究领域的关键词共现可视化图谱　162
图 4-3　2011—2022 年各民族交往交流交融研究领域的关键词突变可视化图谱　163

参考文献

［1］ 赵月梅.各民族交往交流交融的历史演进与现代治理——以内蒙古通辽地区为例［J］.北方民族大学学报，2022（03）：17-27.

［2］ 中共中央国务院召开第五次西藏工作座谈会［EB/OL］.［2023-5-23］.http：//www.scio.gov.cn/zxbd/gdxw/Document/530449/530449.htm.

［3］ 黄德雄，黄德英.近年来国内学界关于民族交往交流交融研究的文献回顾与思考［J］.河北民族师范学院学报，2022，42（02）：1-10.

［4］ 中央民族工作会议暨国务院第六次全国民族团结进步表彰大会举行［EB/OL］.［2023-4-19］.https：//www.gov.cn/xinwen/2014-09/29/content_2758816.htm.

［5］ 习近平：依法治藏富民兴藏长期建藏［EB/OL］.［2023-5-12］.https：//www.tibetol.cn/html/2015/xizangyaowen_0826/20488.html.

［6］ 权威发布：十九大报告全文［EB/OL］.［2019-10-20］.https：//www.spp.gov.cn/tt/201710/t20171018_202773.shtml.

［7］ 习近平：在全国民族团结进步表彰大会上的讲话［EB/OL］.［2023-4-15］.https：//www.gov.cn/gongbao/content/2019/content_5442260.htm.

［8］ 中共中央办公厅 国务院办公厅印发《关于全面深入持久开展民族团结进步创建工作铸牢中华民族共同体意识的意见》［EB/OL］.［2023-2-1］.https：//www.gov.cn/xinwen/2019-10/23/content_5444047.htm.

［9］ 习近平出席中央第七次西藏工作座谈会并发表重要讲话［EB/OL］.［2022-1-7］.https：//www.gov.cn/xinwen/2020-08/29/content_5538394.htm.

［10］ 中共中央关于制定国民经济和社会发展第十四个五年规划和二〇三五年远景目标的建议［EB/OL］.［2022-8-10］.http：//www.moe.gov.cn/jyb_xwfb/s6052/moe_838/202011/t20201104_498130.html.

［11］ 中华人民共和国国民经济和社会发展第十四个五年规划和2035年远景目标纲要［EB/OL］.［2021-12-21］.http：//www.gov.cn/xinwen/2021-03/13/content_5592681.htm?gov.

［12］ 习近平出席中央民族工作会议并发表重要讲话［EB/OL］.［2022-11-1］.http：//www.gov.cn/xinwen/2021-08/28/content_5633940.htm.

[13] 习近平在参加内蒙古代表团审议时强调："不断巩固中华民族共同体思想基础 共同建设伟大祖国 共同创造美好生活"［EB/OL］．［2023-5-16］．https：//www.gov.cn/xinwen/2022-03/05/content_5677371.htm.

[14] 习近平在新疆考察时强调：完整准确贯彻新时代党的治疆方略 建设团结和谐繁荣富裕文明进步安居乐业生态良好的美好新疆［EB/OL］．［2023-4-25］．http：//www.cppcc.gov.cn/zxww/2022/07/18/ARTI1658106848084110.shtml.

[15] 全国政协召开双周协商座谈会 围绕"促进各民族广泛交往交流交融，加强中华民族共同体建设"协商议政 汪洋主持［EB/OL］．［2023-5-20］．http：//www.xinhuanet.com/politics/leaders/2022-08/31/c_1128965954.htm.

[16] 习近平：高举中国特色社会主义伟大旗帜 为全面建设社会主义现代化国家而团结奋斗——在中国共产党第二十次全国代表大会上的报告［EB/OL］．［2022-11-15］．https：//www.gov.cn/xinwen/2022-10/25/content_5721685.htm.

[17] 习近平总书记关于加强和改进民族工作的重要思想研讨会举行 王沪宁出席并讲话［EB/OL］．［2023-5-15］．https：//www.gov.cn/yaowen/2023-04/21/content_5752561.htm.

[18] 全国政协召开双周协商座谈会 围绕"加强各民族交往交流交融历史阐释和宣传教育"协商议政 王沪宁主持［EB/OL］．［2023-5-30］．http：//www.cppcc.gov.cn/zxww/2023/05/26/ARTI1685093067101539.shtml.

[19] 必须促进各民族广泛交往交流交融［EB/OL］．［2023-5-31］．http：//mw.nmg.gov.cn/zt/gclszymzgzhyjs/hyjs/202112/t20211208_1971339.html.

[20] 促进各民族广泛交往交流交融［EB/OL］．［2023-5-31］．http：//www.rmzxb.com.cn/c/2022-03-31/3084929.shtml.

[21] 刘可欣，包意帆，王红艳．近十年来民族交往交流交融研究现状、特点与展望——基于2011—2021年CNKI论文内容分析［J］．赤峰学院学报（汉文哲学社会科学版），2022，43（07）：38-43.

[22] 徐姗姗，王军杰．各民族交往交流交融的研究脉络与前沿演进——基于CNKI论文（2011—2020）的知识图谱分析［J］．广西民族研究，2021（04）：16-27.

[23] 李杰，陈超美．CiteSpace：科技文本挖掘及可视化［M］．3版．北京：

首都经济贸易大学出版社，2022.

[24] 李杰.科学计量与知识网络分析：方法与实践［M］.2版.北京：首都经济贸易大学出版社，2018.

[25] 刘则渊，陈悦，侯海燕.科学知识图谱方法与应用［M］.北京：人民出版社，2008.

[26] 李庆臻主编.科学技术方法大辞典［M］.北京：科学出版社，1999.

[27] 阳广元.中国数字图书馆新技术运用研究的知识图谱：2004—2017［M］.北京：科学出版社，2018.

[28] 邱均平.信息计量学概论［M］.武汉：武汉大学出版社，2019.

[29] 梁秀娟.科学知识图谱研究综述［J］.图书馆杂志，2009，28（06）：58-62.

[30] 杨思洛，等.中外图书情报学科知识图谱比较研究［M］.北京：科学出版社，2015.

[31] 解学梅，王若怡，霍佳阁.政府财政激励下的绿色工艺创新与企业绩效：基于内容分析法的实证研究［J］.管理评论，2020，32（05）：109-124.

[32] 陈超美，陈悦.科学前沿图谱：知识可视化探索［M］.北京：科学出版社，2014.

[33] excel［EB/OL］.［2023-5-25］.https://www.microsoft.com/zh-cn/microsoft-365/excel.

[34] 斯文，酆士昌，刘承彦，等.EXCEL在金融中的应用［M］.北京：人民邮电出版社，2023.

[35] 高福军.Excel在物流企业的应用［M］.2版.北京：清华大学出版社，2022.

[36] 孙德刚，黄约.Excel电商数据分析与应用［M］.北京：人民邮电出版社，2022.

[37] 王枫作.智慧农业三大领域研究热点发展态势分析［M］.北京：中国农业科学技术出版社，2022.

[38] 姚伟，孙斌，张翠娟.价值共创视域下科技型中小企业知识服务研究［M］.北京：企业管理出版社，2021.

[39] 龚靖雄，明宇.基于Netdraw的国内外体育赛事研究对比分析及启示——以2016—2020年为期［J］.当代体育科技，2022（19）：161-165.

[40] 周芳，蔡威，李旭成，等.基于Ucinet和Netdraw的国内新型冠状病毒中医药研究热点的可视化分析［J］.中华中医药学刊，2020，38（08）：5-11.

[41] 黄维.基于多方法融合的中国教育经济学知识图谱：1980—2010［M］.北京：经济科学出版社，2012.

［42］中文核心期刊要目总览［EB/OL］.［2023-5-24］.http://hxqk.lib.pku.edu.cn/.

［43］肖利斌,郑向敏,黄文胜.国际旅游效率研究概况、热点及趋势——基于Web of Science核心合集的知识图谱分析［J］.西南民族大学学报（人文社会科学版）,2022,43（01）：36-45.

［44］丁佐奇,郑晓南,吴晓明.科技论文被引频次与下载频次的相关性分析［J］.中国科技期刊研究,2010,21（04）：467-470.

［45］刘谦,姜南,王亚利,等.国内高价值专利研究热点演进与整合框架——基于SKM的可视化分析［J］.科技进步与对策,2022,39（21）：151-160.

［46］胡贤林,张进凯.乾嘉学派研究文献的知识图谱分析［J］.南昌师范学院学报,2022,43（06）：129-134.

［47］黄俊辉,吴维伟,纪政,等.智慧养老服务研究的知识图谱与研究展望——基于CiteSpace软件的分析［J］.现代商贸工业,2023,44（14）：54-56.

［48］张英丽,戎华刚.2006—2020年国内学术不端研究进展与文献述评［J］.中国科技期刊研究,2021,32（07）：917-926.

［49］周鹏.近30年来国内民族精神研究述评——基于CNKI的知识图谱分析［J］.西南民族大学学报（人文社会科学版）,2023,44（02）：232-240.

［50］项迎芳,王义保.关系耦合与研究印象：群体性事件的知识图谱分析［J］.江苏师范大学学报（哲学社会科学版）,2019,45（06）：90-99.

［51］金炳镐,肖锐,毕跃光.论民族交流交往交融［J］.新疆师范大学学报（哲学社会科学版）,2011,32（01）：66-69.

［52］陈新艳,郭玉强.信息共享空间研究文献的定量分析［J］.情报杂志,2009,28（07）：21-23.

［53］李文以.《档案管理》1995—2005年核心作者群分析［J］.档案管理,2006（04）：48-50.

［54］李慧君.国内个人信息保护研究的热点主题与演进趋势——基于CiteSpace的知识图谱分析［J］.昆明理工大学学报（社会科学版）,2023,23（01）：78-89.

［55］许丹云,刘祖佚."新文科"视域下中国外语研究的现状评述——基于CiteSpace知识图谱的可视化分析（2018—2022年）［J］.贵州师范学院学报,2023,39（02）：74-84.

[56] 李东升. 我国职业教育研究现状及趋势的知识图谱分析——基于CSSCI数据库（1998—2022）数据［J］. 中国职业技术教育, 2023, No.844（12）: 51-60.

[57] 刘春, 王露瑶, 段俊国. 中医药治疗白内障的CiteSpace知识图谱分析［J］. 成都中医药大学学报, 2023, 46（02）: 65-72.

[58] 阳广元, 邓进. 国外E-Science研究论文的计量研究［J］. 西南民族大学学报（人文社会科学版）, 2015, 36（03）: 234-240.

[59] 王秋菊, 陈彦宇. 多维视角下智能传播研究的学术图景与发展脉络——基于CiteSpace科学知识图谱的可视化分析［J］. 传媒观察, 2022（09）: 73-81.

[60] 张钰宁, 景晓栋, 田贵良. 基于知识图谱的中国水足迹研究进展分析［J］. 人民长江, 2023, 54（04）: 114-122.

[61] 闫玉娟. 基于知识图谱的国内外高阶思维的现状比较与发展研究［J］. 吉林工程技术师范学院学报, 2023, 39（05）: 87-91.

[62] 宁薇. 国内情绪传播研究热点与前沿演进——基于CNKI（2000—2021）的知识图谱分析［J］. 青年记者, 2023（04）: 44-46.

[63] 中国民族报评论员文章: 促进各民族广泛交往交流交融［EB/OL］.［2023-4-2］. https://mw.nmg.gov.cn/zt/zlzhmzgttys/llwz/202110/t20211013_1902748.html.